U0569754

慶元縣志輯

第十二册

【民國】慶元縣志 一

《慶元縣志輯》編委會 編纂

浙江工商大學出版社
ZHEJIANG GONGSHANG UNIVERSITY PRESS
·杭州·

第十二册　分目録

【民國】慶元縣志　十四卷　抄本

［民國］姚文林　主修　吴鍾祥　續修

姚文林，慶元縣南門村人。生於一八七七年，卒於一九四七年，字酉山，號雲鶴居士，清末廩生。所撰志銘、碑文甚多。一九一七年任縣教育會長，創立雲鶴小學，興辦縣圖書館、桑園，主持育嬰堂、孤老院，對教育、農林、慈善等事業，建樹甚廣。一九二二年被選爲縣議會議長，嗣後被選爲浙江省議員和省諮議局諮議，民國二十年（一九三一）被聘爲《慶元縣志》總纂，與當時省内名流阮性存、沈鈞儒等頗爲相得。七七事變後退居家園，仍念念不忘抗日救國，一九四七年卒於寓所。著有《雲鶴山居士詩稿》《靄吉堂文集》等。

吴鍾祥，又名維邦，慶元縣後碓人。生於一九一四年，卒於一九五七年，曾任縣公安局科長、民國修志館館長，喜讀書、愛寫作，才思敏捷。一九八七年慶元縣人民政府追認其爲投誠起義人員。著有《消暑録》《藏密齋》《薈萃》。

是志以清光緒版《慶元縣志》爲基礎，增加了清光緒三年（一八七七）至民國二十一年（一九三二）的内容，采納舊志部分在文後用『以上舊志』作説明，新增加部分用『以上舊采訪』『以上新采訪』注明，新舊采訪内容不限於清光緒三年以後之内容，亦補録之前舊志未載之内容。從篇幅看，新增的『舊』『新』采訪内容較多。《【民國】慶元縣志》共十四卷，現存九卷，分别爲：卷六《禋祀志》、卷七《軍警志》、卷八《風土志》、卷九《官師志》、卷十《選舉志》，卷十一《人物志》、卷十二《金石志》、卷十三《雜事志》、卷十四《藝文志》。計一千二百八十九頁，約四十八萬字。

較光緒版縣志，該志將光緒版《武備志》改爲《軍警志》，同時增設『員警』『保衛團』兩篇；《風土志》删去『坑冶』篇，增設『權量銀幣』篇；將光緒版《建置志》之『秩統』移至《官師志》中，將《官師志》的『縣丞』『主簿』『典史』篇合并爲『屬職』，『教諭』『訓導』篇合并爲『學官』，并設『官師志表』；《選舉志》增設『畢業生』『議員』篇和農會、工會等内容；《人物志》中『閨操』改爲『列女』；新增《金石志》，設『鐘銘』『摩崖』『石刻』三篇；將光緒版《封域志》中的『分野』『古迹』篇移至《雜事志》中，并增設『教堂』『叢記』兩篇；《藝文志》僅存『詩』『歌』『賦』三篇。另外，該志還增加了對一些具體條目的闡釋。

從該志稿的增删與眉批的按語上，處處可看到姚文林對史料的考證和剖析，不但具有嚴謹的態度，而且提出了不少獨到的見解，同時也留下不少詩文遺作。綜觀該志稿，對待歷史客觀、嚴謹，補充、校正了舊志中的一些重要遺漏和謬誤。該志雖殘缺不全，但作爲慶元唯一的一部民國縣志，保留了大量光緒三年至民國時期的史料，是研究慶元這一時期歷史文化的寶貴資料。

民國二十一年（一九三二），慶元設修志館，姚文林主修《慶元縣志》，續修清光緒三年後五十餘年間的史迹。完成時正值抗日戰爭全面爆發，未能刊印。民國三十六年，修志館館長吴鐘祥續修該志，但未完成。『文化大革命』期間，該志稿輾轉至龍泉。一九八四年，縣檔案館原館長吴國良在龍泉法院的廢紙堆裡發現該稿，并通過與麗水地區檔案館、龍泉檔案館等單位及人士的多次溝通，於一九八五年底將其轉交至慶元縣檔案館保存整理。

今據慶元縣檔案館藏民國抄本影印出版。半頁十行，行二十字，小字雙行，四周單邊，版心爲卷名。殘本。（李巖）

禋祀志

卷陸

壇壝

廟祠

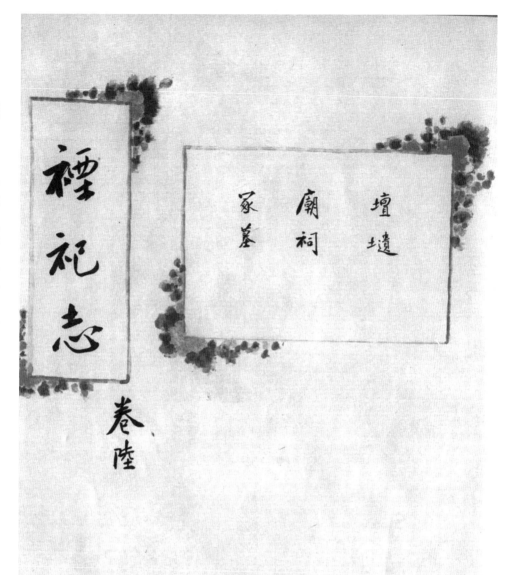

冢墓

慶元縣志卷六

禮祀志

壇壝　廟祠　冢墓

禮有五經莫重於祭先聖賢前教垂萬世山川社稷養奠一方與夫建功樹德之往哲以及捍災禦患之英靈並宜詳稽典故以昭肸蠁至施敬施哀俱資觀感周禮墓大夫隸春官雖非祀事亦是禮事故得以禮爲系而附諸其後志禮祀

壇壝

闕　闕

有人民斯有社稷羅流血祭之祀振古如茲矣惟

我國家大事兵戎以外首在祀事中國重農設

朝設耕耤以祀先農載諸會典他如一都一里樹之

木以爲田主例無可書概不濫入

社稷壇　雲龍門外半里許歲以春秋二仲上戊日

陳主而祭右社左稷題主曰縣社縣稷之神各用

幣一羊一豕一爵三登一鉶二簠二簋二籩四豆

四幣色用黑無樂祭畢藏主於城隍廟 民國罷祀

風雲雷雨山川壇　濟川門外一里歲以春秋二仲

上巳日陳主而祭中爲風雲雷雨左山川右城隍

春官大宗伯以貍沈祭山林川澤

山林無水故埋之川澤有水故沈之

續志 光緒三十年大水推流知縣湯贊清倡捐重修民國罷祀十四年將耤田租叁拾把撥充縣農會經費備案

用幣七色白牲視社稷加二之一爵與鉶登簠簋籩豆亦如之無樂藏主亦同 續 民國元年罷祀四年奉頒祀大典礼復祀又停

先農壇 豐山門外雍正七年邑令李廷宋奉文置買耤田壇基共六畝九分照式建造正房三間奉先農神主中厲山氏左炎帝神農氏右后稷氏配房二間擡門一座中築壇高二尺一寸周方二丈五尺每年季春亥日致祭用羊一豕一爵三帛三鉶一簠簋各二籩豆各四祭畢行耕耤禮知縣秉耒凡九推典史執青箱播種農夫終畝歲以耕穫所入易價備祭 嘉慶二年知縣魏藎龍詳請重修 十六年知縣鳴山復詳請修

邑厲壇　北郊外一里歲以清明中元十月朔致祭先期二日告於城隍至期導城隍於壇無祀鬼神位列壇下用羊三豕三果蔬各四米三石蒸飯祭畢給散孤貧（舊志）（民國罷祀十二年六月水流其半　新訪）

廟祠

凡廟祠宜止依載在祀典者錄入然亦有名宦鄉賢既祀學宮之右而復別立專祠者有子孫家此建爲一姓宗祠者俱屬務本相應附入至有祈年報賽崇奉香火相沿已久去之反嫌駭俗今採其祀之近於正者列之亦神道設教之

按周禮天官醢人只有脾析蜃醢豚拍魚醢註應查別縣志如何

意耳（縣東豐山門外南向）

先師廟（規制詳學校志）歲以春秋二仲月上丁日修其祀事

正位祭器尘爵三獻爵三登一鉶二簠簋各二籩

豆各十俎三篚一祝版雲雷罇帛香鼎小香爐各

一大花瓶大小灼臺各二祭物用犢一羊一豕一

太羹二（一和羹夫）黍稷稻粱形鹽藁魚鹿脯棗栗榛菱芡黑

餅白餅韭菹醯醢芹菹鹿醢菁菹兔醢笋菹魚醢

脾析豚拍配位祭器東西各用尘爵二獻爵三

簠二簋二籩八豆八牲盤二篚一壺罇配哲共一

帛二祭物東西各用羊一豕一ㄊ羹二黍二稻二

禮祀志　廟祭祠

形鹽槀魚鹿脯棗栗榛菱芡韭　醓醢芹菹鹿醢
芹菹鹿醢菁菹兔醢筍菹魚醢　晢位祭器東西各
用坐爵六獻爵三鉶六簠一簋一籩八豆八牲盤
二筐一帛一每位各一祭物東西各用羊一豕一黍
一稻一餘同配位　兩廡祭器東西共坐爵一百
二十九各獻爵三中壇各簠一籩四簋一豆四牲
盤二壺罇一帛一籩壇每壇籩三豆三帛一祭物
東西各羊三豕三中壇黍稻棗栗形鹽鹿脯韭菹
醓醢芹菹魚醢各籩壇減黍稻栗魚醢餘並同中
壇　至民國初仍原循舊致祭後罷祀

閲

前在正殿後因光緒三十六月十八九等日洪水淹流被學校後民國仍舊致祭嗣後罷祀

崇聖祠學校志規制見歲以春秋二仲上丁日致祭正位祭

器坐爵五獻爵三鉶五簠簋各二籩豆各八牲盤

二篚祝版罇帛各一祭物羊一豕一和羹五[illegible]

先師正位省黑餅白餅脾析豚拍配位祭器東

西各坐爵二獻爵三餘同兩廡祭物東西各羊一

豕一和羹一黍稻形鹽鹿脯稾魚棗韭葅醓醢芹

葅兔醢從祀祭器坐爵東西三二獻爵各三簠

簋各一籩豆各三牲盤各二帛各一祭物東西各

羊一豕一和羹一黍稻形鹽稾魚韭葅菁葅

名宦祠鄉賢祠左位次詳學校志祭用春秋二仲上日祭儀羊一豕

一籩豆各四。祭文：惟神普蔭區畫，周詳匡被。民社德澤，具穆今茲。仲春秋謹以牲醴潔情，告將尚饗。舊志 民國初仍循舊致祭，後罷祀

鄉賢祠 在戟門右 位次詳學校志。祭儀同名宦祠。祭文：惟神毓秀松源，名高山斗，為國之楨，流徽不朽，尚饗。舊志 民國初仍循舊致祭，後罷祀

儒學土地祠 在戟門左 詳學校志。祭儀同鄉賢祠。舊志 民國初仍循舊致祭，後罷祀

忠義孝友祠 在學宮左。清雍正五年知縣李飛鯤奉文捐建，安牌位於祠左。歲春秋二仲上丁日致祭。以忠節祀者三人：宋吳競、吳樞，明吳南明。以尚義祀者九人：明葉仲儀、吳彥恭、周公泰、吳克禮、葉荷、吳叔寅、吳沛、吳道揆，清吳昌興。

批部見并以舊志十字不宜塗去

祠原在正殿後民國十四年全壁摧流甚巨無存西年改建於正

之殿後民國初仍循舊致祭議舊乘欽羅祀

○但光緒三十年曾否移建待查明 加入另冊

同治格上吳昌興

□宜塗去

清吳昌興同治四年奉文祀忠義二人前嚴州協千總
、吳廷標子吳自郃以孝友祀者四人明楊沣葉儼
吳相季叔明右祠同治七年前署縣呂懋榮重修
武廟告成分為兩祠查舊志載奉文建今仍其舊而以
分祠處所並奉祀者列後　孝友祠仍在學宮左
祀明楊沣葉儼吳相季叔明四人并以舊志未奉
文入祀者明吳儒姚球清李煒蔡文華吳之英吳
來聘六人附列焉　忠義祠改立
武廟頭門內左廳祀宋吳鏡吳樞明吳南明葉仲儀吳
彥恭周公泰吳克禮葉荷吳叔寅吳沛吳道揆清
吳昌興及同治四年奉祀忠義之吳廷標吳自郃
共十四人并以舊未奉文入祀者元葉國英姚
彥安明王繼滔清吳詔功吳壽昇余槐姚鸞吳宗
賢葉邦馨姚圜周增松吳義枚十二人暨咸豐戊
午慶北不靖同治戊辰山戕六崗匪滋事陣亡被難
諸人卷
附列焉

禮祀志　廟祀

節孝祠 舊在學宮右 清雍正五年知縣飛鯤奉文建立坊門外凡邑內節婦貞女題旌者咸祀之歲春秋上丁後一日致祭 姓氏備詳列女舊志闔操不復臚列 嘉慶十年議敘州判姚鸞移遷衙後 有記詳見藝文 咸豐四年知縣李家鵬將已故節孝貞烈婦女奉旌入祀者總立一牌位送祠致祭六年姚鸞孫貢生姚冠仝姪捐資重修復捐田租十八把以為春秋致祭並修整之需 一段三都下塢廟門土名大路下租陸把一段周墩土名樟樹下塘圍租三把一段古樓廟狐狸壇租九把[illegible] 民國八年知事江宗濂捐俸重修[illegible]記

文昌廟 豐山門外 咸豐七年奉文升入中祀歲二月初三

光緒二十三年知縣何文耀捐款集款續修（有記見藝文）民國八年知事江采濂優捐款建縣立國民模範學校及圖書館中建一閣上供文昌牌位以存其蹟

及春秋二仲擇日致祭牲用太牢十五年知縣何福恩寧董重修並建兩廊頭門

祭文

維神道闡苞符性敦孝友並行並育德侔天地以同流乃聖乃神教炳日月星而大顯仰觀鑒之有赫示明德之維馨茲當仲春秋用昭時享惟祈歆格允鑒精虔

祝文

維神功參贊橐籥撰合乾坤溯誕降之靈辰三台紀瑞度中和之令節九宇承暉若日月之有光明闡大文於孝友如天地無不覆載感至治於馨香奠舉上儀敬陳芳薦芬禋罔斁神鑒式臨

樂章

迎神　丕平
秉氣兮靈躔翊文運兮赫中天　兮戾止雕俎兮
告虔進　神庥兮於萬斯年
初獻　俶平
神之來兮籩篚式陳　神之格兮几筵式親極昭彰
兮靈既致蠲潔兮明禋升歆兮伊始居歆兮佑我人
民
亞獻　煥平
再酌兮瑾觴燦爛兮庭燎之光申虔禱兮　神座儼
陟降兮帝旁粢醴潔兮齋遨將綏景運兮靈長
終獻　焜平
禮成三獻兮樂章三終覃敷元化兮繄　神功馨香
達兮肸蠁通歆明兮昭察寅衷
徹饌　懿平
備物兮維時告徹兮終禮儀　神悅懌兮鑒在茲垂
鴻佑兮累洽重熙
送神　蔚平
雲軿駕兮風旂招　神之歸兮路遥瞻翠葆兮企丹
霄顧廻靈眷兮福我朝
望燎　蔚平

閱

烟熅降兮元氣和　神光燭兮樺灌之阿　化成耆定
兮彙弓戢戈文治光兮受福則那

關帝廟豐山門內舊在縣治後順治五年燬六年駐防遊
董永義重建康熙四年知縣程維伊捐俸買五
都民田大租壹百伍拾肆把計稅壹拾叁畝陸分
伍釐伍毫永奉香燈竹野井頭肆拾陸把余村官倉後劉姓段內合租壹拾壹
把条村土名方坵劉姓段內合租壹拾陸把道堂下壹拾伍把下毛壪壹拾肆把五過壹拾叁把橫
樑門下貳拾肆把上源衕口九把埠頭兒陸把雍正三年更定歲五月十
三及春秋仲月擇日致祭牲用太牢五年追封三
世為公爵曾祖光昭公祖裕昌公父成忠公祀於
後殿九年知縣徐義麟遷建　門內乾隆四年

光緒三十年大水推流、知縣湯桂貢清倡捐重修、民國四年奉文關岳合祀、兩旁配享忠武將士、頭門改懸關岳廟額、每屆春秋二季丙午日祭祀、

知縣裴世賢重建後殿四十八年知縣王恆奉文
重修增建兩廡乾隆六十年知縣魏夔龍重修嘉
慶十六年知縣鳴山重修同治六年知縣呂懋榮
重修並改建頭儀門添造兩廊工竣復將從前田
租壹百伍拾肆把清釐除給廟祝口食油燈外餘爲
歲修之資諭董收儲辦理同治八年知縣劉濬重
修后殿舊民國六年知事張國威修改爲關岳廟舊樂
一在竹口公館之左康熙九年知縣程維伊建
一在十一都上源村
城隍廟豐山門外明洪武十六年知縣董大本建清康熙

閲

關岳廟豐山門內即舊關帝廟民國六年知事張國威修改民國四年陸軍海軍兩部呈請

關岳合祀尊為武廟援唐宋武成廟制正殿為武成殿二門為武成門大門首署關岳廟三字以歷代忠武將士從祀經政事堂禮制館議訂典禮奉大總統核准頒行各省縣於春秋分節後第一戊日推同城文武官職分較高者主祭職分相等者陪祭較次者東西序分獻

殿內正位南嚮

關壯繆侯

闕　闕　闕

岳忠武王

東序忠武將士　東位西嚮

張飛　王濬　韓擒虎　李靖　蘇定方

郭子儀　曹彬　韓世忠　旭烈兀　徐達

馮勝　戚繼光

西序忠武將士　西位東嚮

趙雲　謝玄　賀若弼　尉遲敬德　李光弼

王彥章　狄青　劉錡　郭侃　常遇春

藍玉　周遇吉

正位兩案每案各設爵墊一登一鉶二簠二簋二籩

豆各十爐一燭臺二統用太牢一俎
東西序各設案三爵墊三每案鉶一簠一簋一籩豆
各四每序香案三各設爐一燭臺二統用少牢各一
俎

祭文 維某年月日某官致祭於

關壯穆侯

岳忠武王曰惟神武功彪炳偉烈昭垂建大節
秋振英風於六合忠誠正直麗河嶽而長留智仁勇
功與日月而並耀潔馨香而合祀德量同符肅俎豆
以明禋心源如接惟祈歆享克鑒精誠尚

闕

饗

樂章舞章

迎

神奏建和之章辭曰懿鑠兮神功震華夏兮英風義
兮河東惟湯陰兮與同脩祀典兮方州佇降音兮
閟宮奠帛初獻樂奏安和之章辭曰神來兮格思
風馬下兮靈旂量幣兮初陳薦芳馨兮玉卮瞻仰
兮明威儼如在兮軒墀舞干戚之舞亞獻樂奏靖
和之章辭曰萬舞兮洋洋禮再舉兮陳觴靈昭昭
兮既留庶鑒誠兮降康舞同初獻終獻樂奏康和

城隍廟

之章辭曰名世兮鍾靈炳河嶽兮日星祀事兮三成肅駿奔兮廟庭舞同亞獻徹饌樂奏蹈和之章辭曰告徹兮禮成神其受兮苾芬明德兮惟馨播聲威兮八紘送神樂奏揚和之章辭曰雲駕兮高翔神將歸兮九閽受福兮烝民導我武兮惟揚

右廟民國十六年廢祀所有舊田租撥入學產會保管作爲縣公益經費

移上關岳廟

閱

城隍廟豐山門外明洪武十六年知縣董大本建清康熙二

舊志 光緒三十年大水推流知縣湯贊清重修民國罷祀、十二年六月又被水推流知事劉光晨張立德重修謝聚

年知縣高嶸重建記見藝文清乾隆四十一年知縣董學緝重修道光三年知縣樂韶命邑人吳起元捐修歲春秋仲上丁後一日合祭於山川壇清明中元十月朔日主祭於邑厲壇知縣莅任考績及水旱祈禱皆特設祭同治五年知縣蔡烜重修

縣土地祠 縣儀門左 明嘉靖二十九年知縣邢夢珂始用祭祭期與山川壇同日用羊一豕一菓五祭文 惟神職司陰令默理化機休咎庶徵是有是祈某承乏茲土奉神弗遣茲當仲春秋用中祭告尚饗 舊志 民國

福德祠 縣儀門內左 清光緒二年知縣林步瀛重建舊志 民國罷祀

拱瑞堂 縣北二里文筆山下 祀五顯神原廟在蓋竹邑人何文

禮祀志 廟祠

魁吳標請建於此並捐置田產爲住僧香燈口食。清順治五年僧明光重修。道光二年知縣樂韶撥出田壹百柒拾貳把作育嬰堂經費，給印簿二本，以垂永久。祭期祭物如土地祠。祭文：維神鍾天之秀，受地之靈，潤澤物產，以裕民屯。某奉承簡命，蒞茲山城，惟茲仲春秋，敬潔明禋，神靈如在，永佑安寧。尚饗。同治六年知縣呂懋榮撥租壹百伍拾把充入書院膏火，餘租叁百伍拾貳把選董經理，遞年除廟祀口食香燈開銷外，餘存修整，照章辦理。同治九年重修。同治十三年於大門左右石門洞建造護障亭以肅觀瞻。田坐麥衙鴨鋪拾貳把，東邊洋念伍把，慈照寺門念貳把，雙腰等段叁拾伍把，坳頭門下

缸鉢窰門肆拾柒把洋里坳等段拾捌把五都水
南湖柒把準被山拾把蔡段外灣等段弍拾把蔡
段黃衕等段叄拾伍把八都赤坑處台仝把拱瑞
堂門等段玖拾肆把西山隘陸把坳下樜樹下陸
把馱坑灣
拾貳把

按以上廟祠皆春秋致祭內如土地祠福德祠朔
望行香其德高而能降旱而不踰此正神也五顯
爲古祝融大神凡默理化機陰燮災患無不響應
邑人奉爲正祀亦仍從舊志列之於右

神農廟

九都黄壇　一在二都官塘清道光壬寅建　一在二都根竹山西坑峯頂　一在六都淤上清同治七年耆民夏芳普藍金魁重修（以上舊志）一在五都鼠山清光緒七年沈可揚吴傳新等捐建　一在九都崔家田　一在十二都栢浪沿清光緒二十三年建（以上采訪）

諸廟

真武廟霄龍門外球山下明萬歷二年建按真武為古元冥水神慶民比戶繪像崇奉中堂以壓回祿香火尤盛一在上都楊家樓東邊水尾清光緒二十九年捐貲重建、一在上大潔頭吳大藏倡建、一在七都徐墩、一在一都半溪、[illegible]

東嶽廟四都黃堂岡下元延祐二年建四年邑人吳地吉重建明隆慶四年重修清嘉慶十三年重修道光十六年重建下堂

神農廟一在九都黃壇一在二都官塘清道光二十二年壬寅建

三官廟在石龍山明天啟間知縣樊鑑建詩見藝文清咸豐三年下堂回祿續知縣李家鵬暨周李燮倡捐重建光緒二年重修後堂

元壇廟石龍山巔知縣樊鑑建今廢址存歲旱禱雨於此

博濟廟二都去縣東四十里宋紹興十二年建於三井龍潭上

閱 閱 閱 閱

廟祀龍神敕封靈惠侯宋咸淳三年（神）
加封福昌侯歲旱禱雨屢應今廢
吳判府廟 二都西洋 神姓吳坐長慶地現伏通神曾鞭蛟（稱三公又稱三世於龍之龍巖封）
過水土人祀之（凡民業振著成）同治七年山岱土匪滋事神顯（清乾隆六年闔邑有虎患以殺虎顯靈事詳叢記）
靈得迅速撲滅知縣劉濬以捍災禦患匾額表之
光緒元年士民捐貲重建大殿及上中下三堂戲
臺並兩廊（嘗）四年龍慶景三邑士民又捐貲添建廟宇并造店屋客房六年於殿前又建（門）樓閣規模宏敞每逢七月十七日香火甚盛
一在蓋竹（二都）曰靈顯廟 宋咸淳元年建（修） 清光緒年間修 舊采訪
一在周墩曰顯靈廟又名古樓廟 清道光乙酉年重修
一在五都上源曰吳三公廟（仙）民國十八年吳寶通吳寶傳等倡捐重建
禹真廟 四都坑西 神五季時華亭人修煉於縣北之百丈
文山丹成仙去 詳見仙釋

梵公廟三都林後神二都人趙宋時於三都烏蜂山白日飛昇鄉人祀之詳見仙釋

白將軍廟九都竹口神姓白為吳越王將閩越僭號白將兵討之因闢此地死後常有白氣出没土人祀之

隆安廟在九都竹口明成化年間建祀五官神王清嘉慶十八年癸酉本里庠生許汝冠陳廷鈞蔡克元等將前許光彥捐入田租壹拾餘石收積重新建造廟後復建聽松書院規模宏敞嘉慶二十二年丁丑虎入村傷人知縣孫榮續致齋祈禱虎患遂息知縣呂孫各獻匾祝敬至今祈禱無不靈應

藥王廟縣治東隅清道光廿五年知縣程慶森捐資建造

護應禹氏真人廟縣治東隅宋寶慶元年乙酉建至明間

廢洪熙元年乙巳知縣羅仕勉重新廟宇宏治間
廟門外回祿廟內佛像如故邑人姚漣欲捐己資
重資建奈有志未逮漣姪姚稷乃會社下捐建於正
德丁丑工完立碑頌真人之德而記之天啟元年辛酉又重建內
外兩堂內為馬氏行宮外懸無疆堂匾額歷年久遠兩堂傾頹清嘉慶十年乙丑六班會首吊祖貽修
內堂道光九年乙丑又行吊祖並閤邑勸捐重新建造無疆堂暨內外兩廊又建內外兩戲臺左右
兩小廳并及三大門門外復建土地祠用工程浩大延未告竣邑人以準提閣久廢現有寺田貳拾
柒段共租五百叁拾柒把半坐税肆拾伍畝叁分肆釐五毫議請撥入無疆堂並馬真人廟遞年除
中元追薦完粮外所餘租息以備兩堂修葺香燈之需道光十一年經首事公請如稟立案一段西
門外墈下洋土名雕地大租肆拾把一段北門外學后土名社壇大租拾肆把一段拱瑞堂門土名

坑棟大租貳拾陸把一段南門外土名百念步嶺尾大租貳拾把一段學后土名準提閣大租叁把一段桃洲土名樟坑大租肆拾把一段喜鵲隘土名嶺尾大租叁拾叁把一段四都源頭土名山垵大租拾捌把一段薰山下土名芧蘇灣大租拾把六都一段土名上下湖大租叁拾把一段土名黄衕菊水大租貳拾把一段土名上步大租叁把一段土名屏風山下大租拾柒把一段坑里土名洋心大租肆拾把一段土名墻圍內大租捌把一段社礱灣大租捌把一段廟門大租五把一段土名礱口灣大租肆把一段坑里土名塹下大租拾五把一段土名若灣大租貳拾伍把一段土名長過大租叁拾五把一段土名張老崗大租拾五把三都南坑一段土名黄山樹大租貳拾肆把一段土名內壇嶺大租拾壹把一段內壇嶺大租拾壹把一段土名冬瓜垵大租拾五把

一在四都大上村歲旱禱雨輒應清乾隆五十一年知縣趙城以能澤地產酬之匾民國元年六班仙首吊租重修建造正殿十五年加漆續修記見藝文翔勳詩

順濟陳氏夫人廟西門內清康熙三年重修記見藝文乾隆五十七年吳來儀等倡捐拆下堂改造戲臺兩廊大門以及神廚道光五年首事吊租增建後堂舊志光緒六年里人吳新成等籌款修葺宣統二年仙首吊租捐貲重修新采訪

平水王廟東隅后田神姓周名愷溫郡人南宋時顯靈封爲平水大王事見永嘉郡志舊志民國十二年洪水（雖流址存是年重修遷建六如堂左港大里人恐有不測）（遷今道）新采訪（址猶存）一在八都赤坑村　一在十二都曹嶺下

葉元帥廟東隅后田明嘉靖二年建清嘉慶五年重修在十一都黃畲村里人毛先華等建　一在十二都黃塢村舊志　一在六都山根村民國四年藍奇武藍桂攀重修　一在一都澤楢坑　一在五都猪背坑光緒二十五年吳權新倡修新采訪

闕 闕 [redacted] 已併入上 闕 闕 闕 闕

馬侍郎廟 東陽后田 明天啟三年建 道光十五年吳東垣等倡建 一在柿兒村

徐夫人廟 北門外 明崇禎間邑令趙公璧夫人有德於

民百姓建祠祀之 詩見藝文 清嘉慶五年燬六年重修

光緒元年重修增建兩廊并下堂

文武廟 十二都姚村清道光二十六年建

馬侍郎廟 十二都山頭龍右清同治三年建 舊志 一在八都槎溪村 在十二都山頭壟 新采

盧相公廟 大濟村五季時得道成神屢著靈異事蹟詳雜事志仙釋 一在八都菊水 新采訪

文昌廟 黃壇水尾清光緒元年貢生季鑑等建 舊志 一在十都中濟 新采訪

東山廟 九都竹口阜梁橋上

五顯廟 在十一都中村監生丁可富郭炳堯等倡修 舊遺田租貳拾餘石一段土名高山一段仙

石一段外塲雞母一段根竹山土名碓下圳頭遞年合村擇日祭神報賽舊志。在二都三堆村頭

清光緒四年建。在七都安溪

宣統三年吳貴蒭獨建舊志未

餘三廟　下洮村奉五穀神吳森沈朝炳鄭大成蔡克明等捐建

傍邊廟　上都東山后

永安社廟　上都富樓源舊志一在二都黃水一在二都東山後舊志未

永德社廟　上都黃楮坑清光緒元年吳劉二姓同建

淩雲社廟　上都楊家莊

國坪社廟　上都清同治十三年建

南隆廟　二都賢良清乾隆二十六年辛巳建

福安廟　二都南洋清嘉慶間年重修

平水王廟

東隅后田神姓周名愷温郡人南宋時顯靈封爲平水大王事見永嘉郡志舊志民國十二年洪水浩大里人恐有不測遷建本里六如堂左迄今遺址已開墾成田新采訪一在三都烏石嶺清咸豐十年陳炳棟、翁高福夏芳仁等建舊志一在八都赤坑村　一在十二都曹嶺下以上新采訪

已併入上

永興廟 二都四溪頭

永川廟 二都溪面村

崇安社廟 二都西川吳夏涵吳長元張光清張光岳倡建

夫人廟 上都黄泥壟新采訪一在上都東溪下寮吳禮煥倡建一在七都隆宮新采訪

五穀仙廟 上都庫坑清道光二十六年建遵舊志一在二都齋郎水尾一在二都東山後道光十五年建一在五都魏溪鼠山山背光緒四年吳權新沈可揚等捐建一在七都隆宮一在九都新窑光緒十八年朱得平倡造新采訪

福興社廟 庫坑清咸豐五年建

平水王廟 三都烏石嶺清咸豐十年陳炳棟翁高福夏芳仁等建遵舊志一在八都赤坑村一在十二都曹嶺下新采訪

已併入上

神農廟 二都根竹山西坑峯頂一在六都淤上清同治七年耆民夏芳普藍金魁重修舊志一在五都鼠山光緒七年沈可揚吳傳新等捐建一在九都崔家田一在十二都柏渡沿光緒二十三年建舊采訪

吳師公廟 四都高漈

馬仙廟 半岱山村清道光乙巳年葉士桂士秀士員等建

允寧社廟 二都岩坑

五穀神廟 四都黃堂岡頂歲旱禱雨輒應

庫竹社廟 六都芸洲民國三年藍奇武吳興邦藍桂攀葉國樑重修新采訪

以上舊志

閔馬侍郎廟 東隅后田明天啟三年建 一在柿兒村清道光十五年吳東垣等倡修 一在十二都山頭壟清同治三年建 以上舊志 一在八都槎溪村 新采訪

諸廟

已併入上

夫人廟 上都東溪下寮吴礼煥倡建

太平廟 上都地虎坑吴向重倡建

土地廟 上都蔡地胡奕朝吴志翰倡建 一在一都八爐水尾

天仙廟 上都八爐胡上達倡建 一在上都下莊吴長創倡建

安德廟 上都陳墾坑吴慶玘公派下建

永豐社廟 上都后洋坑泉建

元帥公廟 上都魚川吴作欽倡建

永德社廟 上都黄畲坑清光緒元年吴劉二姓同建

護興社廟 一都塘四水口

以上舊采訪

禋祀志 祠廟

闕　雲峯社廟　一都下寨　民國六年吳松武吳得永等捐修

闕　新興社廟　一都大池洋

闕　永豐社廟　一都后洋坑水尾

闕　永進社廟　一都包果水尾　清光緒十三年合村捐造

闕　安德社廟　一都陳鑑坑水頭

闕　雙魚社廟　一都魚川水尾　清光緒十一年造

闕　馬夫人廟　一都汀嶺後頭

闕　崇安廟　一都石記岱　清嘉慶年間造　民國八年周世瑞等捐修

闕　平安廟　一都下莊

闕　開源廟　一都大漈頭

重出

已併入上

闕

太平廟　一都地虎坑　清同治間造

土地廟　一都八爐水尾

鳳閣廟　一都八爐水尾

洋心社廟　一都落嶺下村水尾

龍山社廟　一都落嶺上村

雙坑社廟　一都落嶺上村

翁大夫廟　一都楊家樓西邊水尾　相傳翁二大夫姓翁名華宋神宗二年登仕初任山東提學官封文華殿榮祿大夫至徽宗四年辛勅封賜立廟楊家樓春秋祭祀節錄翁氏家譜

禮祀志　廟祠

廟

五顯廟 二都三堆村頭光緒四年建 清 一在乂都安溪宣統三年吳貴萼獨建

再興社廟 二都爛坭村水口 清乾隆辛己年建

新興社廟 二都楓樹坪水口一在上都東溪塘窟吳作信倡建一在二都黃岡陳蘊靈等衆建

中有古楓一株亭亭如蓋 清

永吉社廟 二都東溪村光緒丙辰村人衆建廟坐大河中央址不甚峻四面皆水每逢洪波巨浪水愈漲而廟愈高洵推奇絕

以上舊志闕

平安社廟 二都齋郎門前古樹參天林泉映帶頗饒風景

馬仙廟 一在二都蘇湖塘一在二都爛泥村水口一在五都金村一在一都葛坪一在一都厲坑一在三都下塢一在三都竹下一在三都埠頭一在三都塘根一在三都畲

閣

山閣在〤都蔣坑一在〤都中村閣一在上都落嶺上村吳錦讓倡建

馬仙祠二都黃水民國十二年建

[illegible]新彩訪

已併錄上

廟

中平社廟　五都底村　清光緒二十九年吴權新等捐建

永旺社廟　五都猪背坑　清光緒二十六年吴權新沈吉彬倡建

周大夫廟　五都魏溪

法主公廟　五都墈頭

張五公廟　即廿五公廟　五都底村　清光緒三十年武生吴權新軍功沈可招等倡捐重建

吴三公廟　五都上源　民國十八年支寳通支寳傳等倡捐重建

禮祀志　廟祠

廟

迴龍廟 在七都隆宮村，（清）雍正時建，光緒十年……二十六年重建。
一在二都黄水村水口，（清）同治七年……七正章等建。

馬七仙廟 七都李地，道光二十二年衆建。

尚書廟 七都浦潭。

禮祀志　廟祠

廟

昇平廟十都中濟清光緒十四年建

關帝廟十都中濟
一在乂都宮隆

倉聖廟十都中濟

姑嫂廟十都中濟清光緒十年里人蔡旅康賴建熊等募建有紀事見叢記

以上包罩廟起至黃坑水尾廟共計拾伍廟僅有地名而無神名一

又際下排莊二社陸村溪存社應否登載請

公決

廟

勝同廟十二都姚村

南陽社廟十二都黄塢

平水禹王廟十二都大澤　一在十一都壽嶺下民國二十一年重建

吳新榮抄

禮祀志　廟祠

包謝廟　一都包謝山後崗上

杉山翠壪廟　一都

龜山廟　一都龜山水尾溪邊

葉地水口廟　一都

以上新采訪

濲川廟　一都小濲頭吳正卉倡興

中村廟　七都光緒三年重修

以上舊采訪

濲尾廟　七都

源頭廟　三都

洸源廟　三都

五琁廟　三都

坑口廟　三都

五際下坑口廟　三都

五際下水尾廟　三都

陳村溪東廟　三都

黄坑水尾廟　七都

五際下姚莊二社　三都

陳村溪東社　三都

以上新采訪

諸祠

楊公祠太平門明崇禎十五年建祀知縣楊芝瑞清嘉慶四年燬十二年吊租復建

樊公祠石龍山明天啟間建祀知縣樊鑑久廢附祀三官廟

張公祠石龍山下明萬歷間建祀知縣張學書久廢清同治七年遷祀戴德祠

程公祠程公橋頭清康熙九年建祀知縣程維伊久廢同治七年遷祀戴德祠

戴德祠清同治七年闔邑士民捐建祠在

闕

武廟頭門內右邊將前祀張程二公神位移送祠內並

後有功德于民者悉附列焉

明

張學書

清

程維伊　鄒儒　典史鄒景椿

董鞏縉　鳴山

呂璜　呂懋榮

案孫沈兩公光緒三年修志以增祀今據舊采訪補

孫筆讀　沈懋嘉

義勇祠九都竹口明嘉靖二十四年為義士吳元備立久

廢清嘉慶十九年嗣孫吳粹圭等復建

閲

考祭器惟有登
儀禮作鐙

楼下吳文简
祠

皆義祠　石龍街、明嘉靖四十一年為義士吳鳳鳴吳德
中吳荒立、今廢、

忠烈祠　石龍寺後殿、追祭本邑致身民國陣亡軍士楊際
登、吳鴻年等、以歲十月十日國慶日、由地方
長官追祭、祭品用豕一、羊一、鉶一、鐙一、籩四、豆四
四、行禮儀節、均與京師追祭禮同、惟不設樂、祝辭、
惟某年十月十日、某官某敬追祭於文武忠烈之
靈曰、志士成仁、大勇赴義、奮袂捐生、前仆後繼、聿
修郵基、精神不二、鬱鬱神皋、昫昫大地、英魂往來、
緜延千祀、潔醑告虔、靈其鑒止、尚饗、舊采訪、
以上三祠、義勇皆義二祠、係舊志奉文追建、忠烈一
祠、乃民國設立、其有各姓宗祠、仍照舊志及新
舊訪稿所及采、并附於後、

閲 閲 閲 閲 閲 閲

旨義祠 石龍街 明嘉靖四十一年為士義吳鳳鳴吳德甲吳麓立 今廢

以上二祠奉文追建其有各姓宗祠并附于後

吳文簡祠 在城西隅 上管舉溪一 明嘉靖間重建

姚光祿祠 南門內 上倉 明隆慶六年建

吳都巡祠 坑橋

劉知新祠 五都宋淳熙間建 清乾隆間重修

吳諫議祠 一在下管大濟 明隆慶間建 一在三都坑井 明萬曆間建

吳大理祠 下管大濟 宋初建 元至正燬于寇 清康熙十二年嗣孫世臣等衆建

周光祿祠 二都周墩 明嘉靖間建 清道光五年乙酉移遷建 月山下今遷橫田塍

閱 閱 閱 閱 閱 閱 閱 閱 閱 閱

吳儀真祠 二都底墅 明宏治間建

王伯厚祠 一在九都竹口 一在十一都上源村

陳尚書祠 九都竹口官倉後

葉提舉祠 北門外潭頭 清嘉慶元年重修

季運使祠 在城西隅

周布一祠 東隅上倉 清乾隆六年辛酉建

余恭一祠 城西隅 清乾隆四十年乙未建 舊名安慶祠

姚德乂祠 上倉埜塘 清嘉慶十三年建

葉廷祥祠 城東隅

胡中銓祠 二都左溪

姚敏五祠 居田[illegible]象村 明 年建

闕 葉辛五祠 二都賢良。清光緒三十四年祠衆重建升堂 據新采訪補

闕 葉孝廉祠 後田上葉。

闕 葉德一祠 後田。

闕 吳知縣祠 六都芳洲。

闕 夏知縣祠 六都山根。一在余地。

闕 范彥友祠 二都滌面。

闕 葉辛八祠 二都岩下。

闕 季承九祠 九都黃壇。

闕 毛均抱祠 二都青竹。

闕 吳崇五祠 二都蔣地。

張萬四祠　二都黃沙　清嘉慶年間建　據新采訪補

陳甲二祠　二都蔡川

胡思廣祠　七都呂源

練六四祠　二都楊橋村右　清乾隆二十八年癸未建民國十五年丙寅改建村左　據新采訪補

黃時賜祠　二都黃壇兜村　清嘉慶二十五年七月建造　據新采訪補

練明椿桂祠　二都黃壇兜村　清咸豐八年重修

范興福祠　大岩村

甘文興祠　二都路村　清嘉慶十五年村衆建　據新采訪補

范德二祠　楊朗坑村

許朝議祠　九都竹口

闕 闕 闕 闕 闕 闕 闕 闕 闕 闕

沈少尹祠 九都參島

周文十二祠 後田。清嘉慶二十年建。

沈文用祠 九都崔家田。清教諭沈鏡濂偕弟丙瑩俱有記。

周維四祠 石記岱山村。清康熙四十五年建。

范少三祠 二都南洋。清乾隆二十八年建。

胡伯八祠 二都青竹。

吳榮昌祠 二都新村。清嘉慶十八年建。

鄭氏宗祠 二都水寨村。嘉慶乙酉建。查嘉慶無乙酉年，而文無從證明何年，姑仍其舊。

胡正十一祠 二都竹坪。

張坤二祠 城西陽。

吳氏宗祠 後倉坑清同治十三年建

胡氏宗祠 二都留香清嘉慶十九年建

吳文齊祠 二都官塘清咸豐己未重建

劉氏宗祠 後倉坑清同治七年建

吳隆森祠 楊家莊清同治四年建

楊氏宗祠 西溪清同治七年建

吳鳳文祠 竹口鏡水園内清咸豐二年壬子建

吳含芳祠 竹口治田

吳巽十五祠 山頭龍岩清同治十二年吳之勲獨建

范文進祠 新窑清同治七年建

吳忠順祠 竹口橋埜明嘉靖二十四年建

閱閱閱閱閱閱閱閱閱

周氏宗祠 十都仙莊

范氏家祠 坑口后倉范子川獨建因無子捨入田租六百把與族人輪流值祭立碑以埀久遠

練君衙祠 后田清道光二十年建

季敬二祠 三都米嶺清同治四年季登鰲等建

瞿敬一祠 三都林根竹山清同治五年建

姚莊二祠 三都五淤下清道光二十年建

吳辛三祠 三都陳村清康熙三十九年庚辰建道光十二年壬辰修

陳瀨二祠 衕頭清同治十一年建

余氏宗祠 四都高淤村余光通倡建

陶耀三祠 山頭洋清道光十六年建

禋祀志

陶咸三祠 在山頭洋

吴行郎祠 七都樟坑清咸豐七年建

吴顯員祠 七都樟坑同治元年建

吴萬六祠 隆宮清同治六年建

黎綱六祠 五都清同治五年嘉升書升等建

范義芹祠 白嶺頭清道光二十二年建

吴氏宗祠 寨后坑村監生其輝生員劍等造

范源公祠 白嶺頭清同治九年建

周汝南祠 二都湖池

陳雙一祠 三都烏石嶺

吴時敬祠 二都坪頭

范科公祠 余村清道光二十七年建

張三公祠 西川清道光年間建

張文聘祠 西川清道光年間建

吴福顯祠 西川清咸豐五年夏植夏長長元等倡建

夏氏宗祠 葸蘇清同治十三年宕瓚宕滿等建

周良五祠 長礱清同治十一年必定等建

吴達十一祠 朱坳清道光十六年建

吴氏宗祠 周根清乾隆四十六年建

吴鳳二祠 二都石頭坑清同治十二年癸酉建

陳現公祠 坑下清道光十九年建

范福八祠 二都高洋村清咸豐六年丙辰建

陳嗣二祠 三都黃泥灣清乾隆十八年建 光緒二十五年陳子彥陳錫圭等合族改建 據新采訪補

陳嗣十三祠 二都梘頭村清咸豐戊午八年重建 光緒廿五年陳子彥陳錫圭等合族改建 據新采訪補

吳叔恩祠 一都高住清同治三年甲子建

吳良森祠 二都湖邊村清道光八年戊子重建

周濂溪祠 二都洋黃土 今改周發字祠 新采訪

葉志貴祠 三都岱山清咸豐四年葉國貴仝士桂士秀士員等建

沈固穩祠 九都爐坑

吳榮顯祠 二都新村清嘉慶十九年甲戌建

葉辛七祠 桃坑村

闕 闕 闕 闕 闕 闕 闕 闕 闕 闕

劉千九祠 二都谷坑村

劉氏宗祠 一在合湖村

吳公全祠 二都滸上村清道光八年建

林誠七祠 二都山柿北川村

葉辛三祠 二都染鹿坑

胡氏宗祠 二都岱根

吳伯二祠 二都黃壇清嘉慶十五年庚午年建

吳丙五祠 二都石板倉清嘉慶十五年庚午建

陳仁二祠 二都南洋村清嘉慶二十二年丁丑建

吳崇六祠 二都洋邊

吴三讓祠 一在二都黄水村祠孫嘉振增森等建一在三堆村二祠俱有匾揭

胡文泰祠 二都東山后清嘉慶十四年己巳建

周瑛一祠 二都尚根村清道光三年癸未重建

陳香宗祠 二都大洪村清道光六年丙戌建

吴常四祠 二都黄皮村清道光十一年辛卯建

以上舊志

閱 閱 閱 閱 閱 閱 閱 閱 閱 閱

吳寬六祠 城東后田民國八年建記見藝文

吳富三祠 一都小淤頭清光緒丙午年建

吳寶林祠 一都大淤頭由大濟嶺根分祖

吳氏分祠 一都包果洋頭由舉溪分祖光緒十四年吳關時等合村衆建

吳氏分祠 一都東山後由舉溪分祖

吳氏分祠 一都楊家樓東邊由舉溪分祖清同治九年建

胡宗吳氏分祠 一都包謝清光緒年間建

吳知縣祠 上都蓮家山孟仲季三房集資公建

胡善欽祠 一都八爐

吳庫八公祠 一都魚川清道光十八年創建

以上舊采訪

吳貴十一公祠 一都馮家山 民國元年造

吳溥三公祠 一都魚川民 國十年新造

吳富四公祠 一都后洋坑 東邊溪旁

吳亭七公祠 一都包果村清 同治年間建造

吳富六公祠 一都后洋坑 東邊溪旁

吳璉九公祠 一都坳裏民 國六年新造

見旧志廟祠十八頁未知即甘文興祠否甘文興祠即在二都半路

禋祀志

祠

○吴若維祠 二都爛泥

○周承五公祠 二都久住洋民國二十年祠下周大生周大道周有通等添造三樓一棟

甘氏宗祠 二都半路村清嘉慶十五年村衆建

○胡五峰祠 二都蘇湖塘

○陳氏宗祠 二都魚魷洋

○葉氏宗祠 二都半坑村尾

○吴氏宗祠 二都半坑村右

○陳氏宗祠 二都田坑村右

陳氏宗祠 二都梘頭村右

○柳氏宗祠 二都高嵩坑村尾

○胡氏宗祠 二都嶺頭村頭清光緒元年乙亥修

○胡積公祠 二都江根祀胡積公民國三年十一月建

○毛福祐祠 二都塘尾民國十三年建

○葉正五祠 二都橫坑清咸豐四年甲寅正月建

○柳氏宗祠 二都石柱清光緒五年重建

○葉氏盛祠 二都齋郎村下峽口

○劉禮一祠 二都五大保東坑明劉禮一創建清光緒四年戊寅劉開來等重建二十九年癸卯劉康永等重修

以上新采访

閱 閱 閱 閱 閱 閱 閱 閱

吳氏宗祠　二都爛坭清嘉慶年間建　以上彭采訪

吳氏宗祠　二都楓樹坪村清光緒十九年建　以上彭采訪

范德七公祠　二都松柏彎民國二年范紹基范忠長等募建一在二都高洋光緒二十五年范邦全范孝餘孝落等改建

黃福燕祠　二都荷地清乾隆七年建

吳富四分祠　二都南坑民國七年建

胡氏宗祠　二都江根民國三年建

胡氏宗祠　二都白柘光緒十四年建　以上彭采訪

范德七祠　二都松柏彎村清光緒三十三年祠下范紹基范忠長敎族人鼎新建造

范德七祠　二都高洋清光緒二十五年祠下范邦全率族人孝餘孝落等改建村邊

禮祀志　二　宗祠

闕闕

○吴五五公祠　二都新村有上下兩祠清光緒五年祠下孫慶熊建孫堅後堂○

○吴常五祠　二都荷地清乾隆十九年甲戌建

以上新採訪

閱 閱 閱 閱 閱 閱 閱 閱

禋祀志

祠

○柳延八公祠　三都林後　清光緒三十三年建造

墳氏宗祠　三都壟頭

吳氏宗祠　三都后樓

○陳氏宗祠　三都麻園

○劉似海公祠　三都油山頭　清光緒十八年建

劉氏宗祠　三都傳山上處建

○劉氏宗祠　三都傳山下處建

○周平五公祠　三都翁山　清光緒十八年建

禋祀志　廢祠

以上田采訪

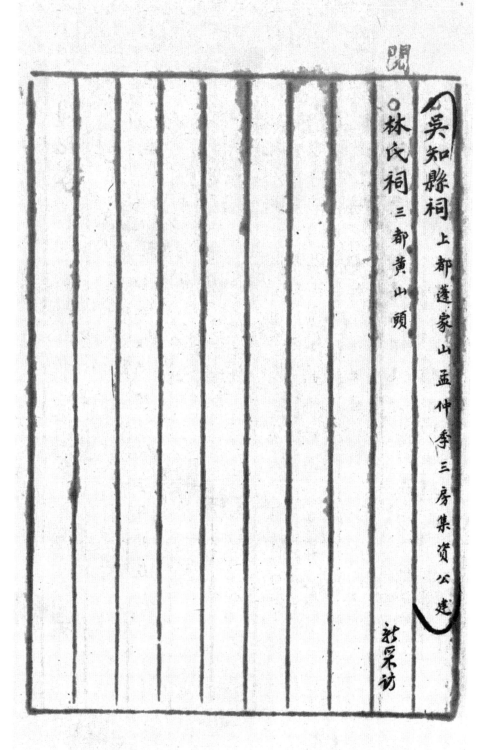

吳知縣祠 上都蓬家山孟仲季三房集資公建

○林氏祠 三都黄山頭

新采訪

禮祀志

祠

○吳氏宗祠　四都班岱後清光緒八年建

○李盛九祠　五都金村

○吳氏宗祠　五都金村

○張華二祠　五都朱村

○沈氏宗祠　五都九漈民國十九年沈汝源捐建

○藍氏宗祠　六都蔡敃

四采訪

禋祀志

祠

○何氏祠 七都張地清光緒二十年知縣何文燿贈有相宅卜瀠洲箕裘克紹垂千古同宗傳水部譜牒原來共一家聯一對又梅關高風匾一方

○吳氏祠 七都隆宮 一在七都張天

○周氏祠 七都隆宮

○劉氏祠 七都隆宮

○甘氏祠 七都里地

○范氏祠 七都坑口

○謝氏祠 七都張地

○吳立慶祠 七都黄坑嘉慶初間建

以上新采訪

閥

○葉氏宗祠　七都桃坑，清宣統元年建

以上旧采訪

閱 閱 閱 閱 閱 閱

禋祀

祠

楊大一祠 八都槎溪

吳永恩祠 造 九都竹口阜梁橋下官路内明萬曆三十三年乙巳年菊月福滔公建 四采訪

沈文富祠 九都崔家田

田氏宗祠 九都竹口

陳氏宗祠 九都竹口

許紹林祠 九都竹口

禋祀志

祠

蔡作霖家祠 十都中濟青光緒丙午年蔡祥霖孫蔡允中建 有傳見藝文

周氏宗祠 十都良官田

鮑氏宗祠 十都上濟清光緒初建

周氏宗祠 十都湯源村

金浩祠 十都上蘇清光緒間建

禋祀志

祠

○蔡氏宗祠 十一都朱𤧣清光緒丙申族人蔡進淮進增進傑富豐富贊富羔等募捐重建

冉存慶
冉燾光

蔡家祠（天養）十二都柏渡沿，民國十九年蔡進翰、富勳等督造。

蔡氏家祠（邦煥）十二都柏渡沿，民國十年蔡富琨建。

鄭氏宗祠 十二都下沈，鄭明昌、宗昌建。

闞氏宗祠 十二都柏渡沿，清光緒三十二年建。

李氏宗祠 十二都姚村，李含馨督建。一在十都湯源村。

邵氏宗祠 十二都姚村。

王氏宗祠 十二都姚村。

關氏宗祠 十二都西邊，民國十年關盛達建。

關化光祠 十二都大澤，民國十一年族人關獻瑞、獻章、一飛等倡建。

以上新采訪

冢墓

人有立德立功立言者謂之三不朽 墓之志準此以斷舍是不與焉

宋

大理卿吴崇煦墓 下管大濟金釵山

知府吴轂墓 下管大濟

處士吴侃墓 城内上倉墩頭金星掛角形 新采訪

狀元劉知新墓 五都懸照寺前山下

尚書陳嘉猷墓 九都伏石嶺下 傳詳名卿

侍郎胡紘墓 四都黄堂岡

給事中王應麟墓即王伯厚，在竹口水尾迴龍潭後

處士吳應麟（麒）墓一都舉水水尾魚川之東葫蘆山　新采訪

胡念二公墓二都岱根嶺頭，沿取形像蜈蚣，又稱蜈蚣墓　新采訪

以上舊志

元

縣尹吳平墓 上管蔡地塘坳

巡道吳鐵墓 上管半溪路后壟

萬戶葉國英墓 魏溪李塢隴有傳

澤

考舊志吳墓突

明

御史吳瑁墓 四都駁坑

主事吳杰墓 下管大濟

通判林存中墓 二都南辦

知縣吳子深墓 上管官擇林

知縣周宗林墓 九都上洋

推官吳潭墓 下管大濟

州判吳圓墓 東山后武突

知縣吳子昇墓 洛嶺洋細蓮花後

巡司吳在墓 上管洛嶺源尾崗

知縣吳紀墓東溪村尾門前猛虎林

衛指揮吳公轍墓洛嶺蓮花山

教諭吳得壽墓學后金釵園

教諭吳行可墓學后下洋山

知縣吳贊墓魏溪

同知吳禮墓十二都大澤路後有傳

知縣吳大豪墓十都潘岑山頭洋

通判吳伯齡墓五都金村鋪

知縣吳伯儒墓十二都白渡口

通判吳世勳墓十二都桐山

闕 主簿周班祿墓 四都墓庵

闕 經歷李時芳墓 七都小林源

闕 縣丞姚大齡墓 七都隆宮有傳

闕 巡司吳衍慶墓 十二都山頭龍燕塢

闕 鴻臚寺序班吳儒墓 松溪巖下

闕 按經歷吳穆墓 松溪呂源村后

闕 孝子葉儼墓 祝家洋傳詳孝友

闕 孝子李叔明墓 七都中村傳詳孝友

闕 通判吳倖墓 六都外桐

闕 隱逸葉環墓 縣東大鈴寺後

義士葉仲儀墓 四都坑西橫塢

縣丞吳南明墓 七都隆宮

同知姚文焬墓 五都慈照寺前 以上舊志

通判吳仲信墓 上管總貫黃牛對篙 舊采訪

通判吳禮墓 雕田碓後中心窩山内 舊采訪

通判吳長壽墓 一都上管踏肩 新采訪

考訪本是鵝

清

訓導王錫俸墓 魏溪上源

孝子吴之英墓 魏溪眠犬山

義士吴來戍墓 周墩西遠山

義士吴來鎚墓 魏溪薦照寺后山

義士吴昌興墓 四都墓菴嘴

以上舊志

孝子吴來聘墓 南門外天壇舊志脱落，來戴令據舊采訪補

教授吴炳文墓 坑西鶴頭頸

義士吴義枚墓 二都内山後塘牛欄龍羅帶形

以上舊采訪

孝童蔡富功墓 十都中濟墈頭洋

闕

○義士蔡培榮墓 十都中濟庵兒山。有傳。

以上新采訪

民國

烈士闕肇禮墓 十二都大澤官路内

烈士胡孟渠墓 二都東山後圳坳門林内

烈士胡明通墓 二都東山後新田嶺林内

烈士吴榮耀墓 二都榅坳

軍官闕一鶴墓 十二都大澤官路後原厝閩省建甌城黄華山民國十九年遷歸葬此有傳

烈士吴榮耀墓 二都榅坳茶亭對面

烈士吴為倉墓 二都榅坳茶亭對面

烈士吴益智墓 二都榅坳茶亭對面

以上新采訪

元

節婦葉鮑氏墓 四都漬田

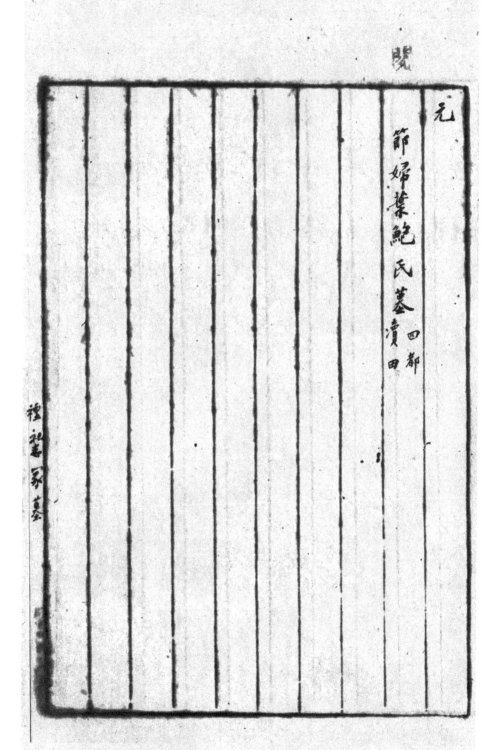

禮 祀 冢墓

清

貞女葉養姑墓 大濟坑兒彎 傳詳列女

貞女吴淑姬墓 安定橋上 官陂頭山

節婦周楊氏墓 魏溪猪 背坑

節婦姚季氏墓 二都蓋竹 屋後崗

節婦吴沈氏墓 十都 中济

以上舊志

烈婦蔡張氏墓 十都中濟庵 兒山有傳

新采訪

軍警志

卷七

關隘
兵制
紀事
警察
保衛團各鄉附

軍警志

關隘　兵制　紀事
警察　保衛團各鄉附

慶邑山谿險隘，地屬彈丸，夷曠之區所在絕少，殆非用武之地也。然國之大事在祀與戎，兵可千日不用，不可一日不備。舊志兵制均從府志補敘，明設弓兵隸屬巡檢，清初綠營改前制而置汛兵，今入民國改用警察，視明清雖又大異，而所以護衛地方、維持治安則一也。惟慶轄境距閩甚邇，近年以來閩邊伏莽出汊叢嶠間時來擾慶故調留省防軍外而於城鄉復創設保衛團並兼辦民衆自衛團蓋無非俾守土者揆文奮武人皆知兵以期地方永享治安之福云爾

志軍警

關隘

慶三面距閩鳥道箐峒雖内有城池全憑六隘以爲外蔽明崇禎間閩寇入境恃此無虞清咸豐八年洪楊軍興閩邊踞賊時思乘機竄掠更賴各隘守禦始得保全據險扼要一人守安可萬人敵關隘之設不綦重哉

關

伏石關 九都竹口距縣六十里

黃坑關 縣南七都黃坑村外通松溪政和兩縣形勢險峻為省界天然關鍵清咸豐十年知縣何福恩募建設隘後毀於水民國八年知事江宗濂委紳募款重建擴充規模改隘為關旁築護垣四十七丈並造敵樓望臺形勢雄厚偉為邑屏藩有記詳藝文 舊采訪

隘

馬蹄隘 下管縣南八里清咸豐七年從新重建舊志後漸就殘毀民國七年知事江宗濂募款重修有記見藝文舊采訪

石壁隘 二都周墩縣東八里清咸豐七年從新重建舊志嗣為山水衝決民國七年知事江宗濂募款重修有記見藝文舊采訪

喜鵲隘 二都縣東北十里舊志今廢舊采訪

烏石隘 三都縣西南十五里今廢

西山隘 三都縣西十里清咸豐七年從新重建舊志後因年久崩坍民國七年知事江宗濂募款重修有記見藝文舊采訪

龜田隘 六都縣北二十里今廢

畢警志闕隘

棘蘭隘 八都縣北三十里清咸豐七年重建後復添小隘燬祠廢址存光緒十一年知縣申祐捐俸重修二十年知縣何文燿復修民國元年槎溪村人楊聯芳楊懋園督修民國七年知事江宗濂重修舊采訪二十年縣長黄士杰令防務委員柳金在保衛團經費項下撥款修復新采訪

以上諸隘皆明崇禎十四年知縣楊芝瑞重建又捐俸置田於喜鵲隘有記見藝文清順治十八年知府周茂源按慶見棘蘭地界松溪復建隘樓置兵巡禦王益朋有記見藝文

梅坳隘 二都栗洋縣東北四十里

八爐隘 二都縣東八十里

黄坑隘 二都嶺頭縣東北六十里上下有屋二所原皆隸慶元因明嘉靖年間文田隘田隘屋俱為景

寧人所佔始分上屋屬景下屋屬慶其稅糧累慶經年許告至萬歷四年守道王委本府同知陳勘驗轉委遂昌知縣黃景寧知縣林慶元知縣沈親至其地履畝會審越五月乃得其情斷糧輸慶民皆悅服文案可考

嚴洋隘三都

白鶴隘三都

高山隘四都

飯甑礱隘四都漈上縣北十五里

角門隘五都縣北五里

黃坑坳隘七都黃坑村外由松來慶要口清咸豐十年知縣何福思飭董捐造以資保衛

蓬塘隘九都縣北六十里

高巖隘 九都參烏坳頭

石門隘 十二都大澤縣北七十里舊志清咸豐七年建新采訪

以上舊志

企不平隘 一都後溪洋距南峯寺十五里

蒼後凸雙隘 一都楊家樓民國十四年建

隘基隘 一都後洋坑民國十八年建

黄漿隘 一都後洋坑民國十八年建

山脚岩隘 一都馮家山與政和縣連界

石磨隘 一都楊家莊民國十九年建

小漈頭隘 一都小漈頭民國十九年建

以上新采訪

後畲隘 二都合湖村後為慶景兩縣交界創自明季年代失考清咸豐八年砌石重建 舊采訪

山頭隘 二都洋頭村毘連壽寧縣境立有縣界石碑

青田隘 二都青田村為入閩要道立有縣界石碑

杉坑隘 二都杉坑村與壽寧縣分界立有石碑

半天嶺隘 二都楊橋半天嶺中部民國十六年建十九年閩匪何金標陷黃壇楊橋隘遂被焚

岩岡隘 二都嶺頭村

會龍隘 二都江根村民國十五年吴建邦耀光邦慶邦建籌募捐建置

車碓隘 二都横坑村南三里許民國十七年村人葉冊葉成森等捐建

以上新采訪

兵制

設武備以戒不虞城守有職偵察有人舊志咸照府志闕錄茲爲列明清制於前以今制續後以見措置之宜酌前代而加密云

明

弓兵　洪武三年革縣治歲役弓兵三十六名以屬巡檢司巡檢率領盤詰巡邏

教場　在縣舊儒學址下萬曆十一年知縣沈立敬以其地近縣治遷建城北角門嶺頭崇禎十四年知縣楊芝瑞改建詠歸橋下附射圃於其旁

敵臺二　一在雲龍門外二里文筆山之下

一在十二都去縣北六十里大澤之隘

慶元縣民兵貳百陸拾名　内防守壹百叁拾名鳥銃

壹百叁拾名　鳥銃係土著義勇領習不受值於官

歲徵餉銀七百二十兩

棘蘭巡簡司弓兵一十五名

清

慶元駐防左廳把總一員　一年一調

外委一員　守舉溪汛　一年一調

把總署在太平門内　康熙四十九年文武公捐購買民房改建今爲黨部

營房四西南門基址早失東北門基址尚存

教場演武廳在雲龍門外溪北久廢

小教場在濟川門外雲鶴山之麓同治九年知縣汪斌遷建於雲龍門外大

教場

竹口教場先年處州千户張儫建今廢

軍器局在把總署左

慶元縣汛兵四十五名

竹口汛兵三十名　余地汛兵四名

安溪汛兵七名　舉溪汛

棘蘭汛兵五名　喜鵲汛

新窑汛兵八名　八都汛
明箬寮後汛兵六名　白渡口汛
查慶元各汛兵道光年間除汰裁外留存六十三名同治三年變通兵制案內以六成減折裁兵二十五名又調留郡防兵八名實存縣城汛弓兵九名守兵二十一名其餘各汛概行汰裁　以上舊志
棘蘭汛營房基　在槎溪街大橋頭北連及前水鋪門并棘蘭隘外在昔為營防地址於民國年由村民楊懋時楊懋周兄弟向縣署受買現為私產　新采訪

慶元縣汛兵裁撤
清宣統二年浙撫增韞咨部變更兵制將浙省綠營一律裁撤汰弱留强改編巡防營司巡徼緝匪事宜慶元於是年五月實行　舊采訪

民國

駐慶保安隊

民國三年實行軍民分治浙省舊有防營一體改編初稱警備隊續改稱省防軍今爲保安隊隸行政範圍歸省政府調遣任用各縣不設常駐額兵審察情形隨時抽調移防慶元界連閩疆匪類逢蠭起非重兵不足以資鎮懾近數年來駐軍均在一營以上新采訪

紀事

山陬僻壤之邦服疇食德人不識兵蓋寰宇之
昇平久矣溯自明季以來揭竿有警伏莽時聞
或邑罹之變有方或鄉勇之聚義自保前事昭
昭俱有可考惟今之視昔猶後之視今爰備紀
之亦安不忘危之意爾

元

至正十五年夏山寇黃花自閩來燬縣剽掠而去

明

正統十四年己巳秋七月山賊龍岡九龍衣縣官兵討平

殲之

之
九乘宣寇之亂率衆數百懸鏡爲甲臨陣輝目人莫
與敵時縣無城賊因龍衣據縣治縱火沿燒署舍後投
陶得二等不納歸爲官兵所殲遂平
嘉靖二十四年乙巳（舊志爲癸未）山賊吳主姑嘯聚千餘人
剽掠縣民騷動知縣陳澤引兵邀擊于蓬塘殲其衆
平之
賊自號八先生出入閩越劫掠松浦間得勝長驅景
慶龍遂之墟悉爲震駭知縣陳澤引兵擊殺先鋒吳
元備鼓勇先驅獨斬數人以大兵後至遇害繼衆至

併前賊衆悉爲所斃後論殺賊功立祠祀元備匾曰
義勇
四十年閩廣流寇入境剽掠知縣馬汝徯禦之
賊衆二千餘人自松溪抵竹口劫掠甚慘聞縣有備
至龍泉大掠而去
四十一年庚申八月壽寧山寇劉大眼據縣後山縣丞
黃德興引兵戮之
劉大眼率衆千餘人從山谷間出竹口轉掠裏和至
縣據後山爲巢縣丞黃德興力戰斬數十級賊計窮
將走俄有邏寇自間道歸出我陣後夾攻官兵遂潰

軍警志記事

死者甚衆義士吳得中吳鳳鳴吳篪皆死事聞司府下檄為立祠祀之匾曰皆義

十二月劉大眼復寇縣訓導吳從周禦之

倭寇陷政和復圍松溪劉大眼意縣無備欲襲之一晝夜奄至城下時訓導吳從周視篆率民固守越數日兵備副使陳慶檄把總桂汝扳府志作攀引兵七百來援賊知大兵至且攻且追卒潰散逃去

崇禎十四年辛巳十一月閩寇張其卿犯境知縣楊芝瑞勦之

張其卿大掠龍泉突至喜鵲隘知縣楊芝瑞統鄉兵

禦之賊退屯萬里林隨令攀溪稟生吴懋修吴之鯤
率鄉勇搗其穴斬首百餘級賊遠遁

清

順治四年丁亥七月十九日閩賊雷時鳴犯縣執知縣
李肇勳總兵劉世昌平之
時建寧兵亂流犯慶元執知縣李肇勳殺其三子妻
自縊八月初一日鎮兵進勦賊夜遁民得安堵
五年戊子十月劉中藻同馮生舜等圍慶元官兵禦之
退
劉中藻福安人庚辰進士隆武委授在閩通賊作亂

路福寧寧德一帶同馮生舜等圍慶元視篆教諭戴
雲程遊擊董永義棄城去城陷十一月初三日松溪
兵至斬首五百餘級民死亦百餘人自北門至縣治
前民屋盡燬明年正月二十三日本府總兵劉世昌
遣兵防守民始安
六年己丑九月馮生舜攻縣殺千總李定國政和援兵
至遁去
生舜聚白頭數千寇縣李定國迎戰於下管赤搏嶺
遇害遂攻城三晝夜知縣謝士登告急於政和縣援
兵至夜遁

八年辛卯五月山寇陳文喜作亂知縣鄭國位滅之
文喜聚衆千餘據百丈山剽掠村落搶奪婦女闔邑
震動里地白沙隆宮中村等處田地荒蕪知縣鄭國
位帶官兵從白沙進勦復令下管廩生吳王眷吳銓
臣率隆宮鄉勇劉仰之陳布吳茂林等從山後夾攻
直搗其巢乃滅
十年癸巳七月閩寇李希賢葉付等刼竹口知縣鄭國
位平之
希賢仙槎人聚賊三千餘人剽掠竹口搜山綑縛一
百三十餘人到巢勒金知縣鄭國位親率鄉勇許光

彥吳春傑楊茂大等因守檄請府鎮官兵合勦賊聞
遁走
十月李希賢復掠上源等處鄉勇蔡來吉王明麟會衆
攻之去
希賢復聚賊六千餘據河源四散搶掠焚燒民屋一
十二邨蔡來吉王明麟會十八都邨鄉勇合力分攻殺
賊千餘乃滅
十一年甲午三月閩寇陸荅掠二都九漈殺千總李尚
才紅旗袁魁自刎於陣
十三年丙申四月賊首魏福賢余赤等焚叔竹口

初余赤等焚劫工滌姚村一帶把總馮從羽檄松溪官兵合攻斬首百餘賊遁至衢州嘯集魏福賢等五千餘賊由船坑（山坑）兩路入竹口圍燒民屋六百餘家公館橋梁悉燬

十四年丁酉三月賊高彪殺掠二都據九臺山千總李茂破之

康熙十三年甲寅正月閩耿稱兵總兵（五月）徐尚朝遣其黨陷慶元十五年丙辰八月貝子率滿漢都統馬將軍喇台吉等率大兵討平之

時慶元城陷義勇吴詔功吴壽男戰没於陣事聞卹

軍警志　紀事

其家各蔭一子授千總嘉慶元年追死事功復各蔭
一孫
四十八年閩匪彭子英餘黨竄入盧坑府〔村〕府道檄生員
吴鳳文率鄉勇逐之
咸豐八年三月太平軍翼王石達開攻衢州遣黨石進
紱等自龍游越青萌嶺走遂昌破松陽陷郡城慶邑
大警
二十七日太平軍撲郡城時郡兵多調守他邑城中
空虛衆寡不敵城遂陷警〔報〕至慶邑大警
五月政和踞賊犯慶元南鄉知縣周李夔率團勇擊卻

之

二十九日賊自政和出擾及慶元南鄉大溪地方李燮親率團勇迎擊賊潰奪獲旗幟器械無算生擒九人斬於陣前

六月賊復至知縣周李燮親督團勇擊退旋以郡城克復賊竄龍泉添募壯勇以資防守

初八日賊復糾大股來犯李燮督團勇力戰敗賊退

十五日郡城克復賊竄龍泉踞之慶與龍毗李燮添募壯勇加意嚴防以杜窺伺

七月賊由龍泉擾慶北鄉進逼棘蘭隘並糾松溪政和踞賊大股來犯知縣周李燮督率團勇拒戰斃死僞〻

鋒戚國宗賊退
初五日賊由龍泉擾慶北竹鄉口黄壇新窰等村該
處道途平坦無險可扼派隊出劉團勇少挫退守棘
蘭隘賊遽進逼危在呼吸李燮調集團勇策奇設伏
出賊不意奮力擊殺擒斬多名賊退屯新窰等處時
團勇多而餉需絀動支倉穀以濟初十日賊糾政和
松溪踞匪由百丈山分路来犯以圖牽制李燮飭僚
屬紳董分帶團勇一從百丈山一從白嶺頭一從棘
蘭隘三面兜剿殺賊無算鎗斃偽先鋒戚國宗賊氣
奪至十三日分道竄去團勇乘勝追剿出境乃還

十一年辛酉五月賊自江西玉山圍衢州竄松遂陷郡城

旋竄金華郡城克復

賊竄松遂知府李希郊率勇往堵至松邑之堰頭賊

猝至戰失利被執不屈死於碧湖郡城遂陷旋官兵

克復郡城賊竄金華

九月賊復自龍游走松遂再陷郡城警聞慶防愈緊

賊復由龍游松遂再陷郡城賊氛日熾官紳率團勇

晝夜守禦賊不犯境

十一月賊犯雲和知縣何福恩飭董督率團勇援之

賊犯雲和福恩諭董率團勇往援並飭嚴守慶疆戍

軍警志紀事

賴以全

同治元年壬戌二月賊竄景甯擾及慶之二都知縣何

福恩率團勇擊走之

慶二都與景甯接壤賊自景甯入犯福恩率團勇往

剿賊潰並調團添勇赴仙姑庫下道化各要隘防守

賊不敢犯景甯郡城先後克復乃撤防

七年戊辰九月齋匪吳昌彬昌新等作亂知縣劉濬擊

平之

昌彬昌新兄弟也二都底墅人平日持齋惑衆於九

月十一日約山岱村朱繼統等糾衆剽掠焚殺九漈

上莊深烏陳龍溪等各村劉濬星夜募勇辦團率紳姚克友吳正喜等三面夾擊昌彬授首餘黨悉平事聞在事官紳陣亡勇丁等俱分別奬卹有差

上舊志

軍警志紀事

光緒二十二年七月閩匪鄭脚老等糾衆犯境知縣何

文耀率民兵擊走之

民國二年春閩匪盤踞百丈山哨官李青擊散之

松溪縣土匪勾結山民嘯聚於南鄉百丈山肆出刼掠駐

慶哨官李青率兵掩擊捕匪八名餘衆竄散

四年十月閩匪許德松等連刼桃坑民居六家盤踞不

散知事毛雲鶚擊平之

政和西里土匪許德松等夤夜持械入境搶桃坑村

民葉登化葉登順等六家且蠭集於政慶交界之嶺

腰亭勢焰甚張知事毛雲鶚督警往捕槍傷許德松

一名並獲匪夥八名分別鎗决監禁風威遠播群匪膽寒

七年閩匪高飛豹擾亂南鄉知事江宗濂率軍迎剿匪衆竄遁

閩省自光復後內亂頻仍散兵土匪互相勾結政和匪首高飛豹等乘機竊發到處張貼偽示勒派民財至是直犯慶邑南鄉桃坑隆宮蒲潭等村居民驚避知事江宗濂派兵往剿匪不得逞是年秋匪衆復至由三都保衛團查獲線匪治以軍法調遣兵警鄉團分路防剿匪聞風而遁

以上舊采訪

東山後碉樓
二都計三座
民國十六年胡
明榮等提倡
建築

創築碉樓記

二都東山後村屢遭匪禍

窮鄉東山後村地逼閩邊，相去不遠。自民十四閙一歷被
匪搶，猖獗以來，是年即開辦民團，置械抵禦。不
民十六年以匪勢益張，胡明榮等提倡建築
碉樓三座以防禦。至民十九何金標擾害
黃壇鎮楊橋等向村勒派巨款，該村數遭閩
東溪底匪分團之丁前往攻擊，匪然抗不
畏死之精神，極力攻擊，斃匪九人，然而匪槍
我鐵銃難抵其敵，兼之洋炮齊發，計陣亡
團丁[illegible]被擄去二名，被擄於碉樓一座後
傷[illegible]擄去[illegible]二名，計去勒贖撫恤醫藥費、
大洋三千餘元。該團同年又集款千餘元購槍。
溯該村自開匪猖獗以來，損失實非淺鮮，惟自建築碉樓亦可防
近來村莊均被匪擾害，獨該村近尚未見匪入，藉該團矣

十一年松溪政和叛兵八十餘人持槍由黄坑關入隆宮轉徐墩知事程文楷警察所長王振夏哨官陳濟率隊截擊警察二人轎夫一人中彈而死

十三年八月孫傳芳由閩攻浙遣團長孫基昌率隊入慶時駐慶警備隊管帶韓文彬分兵衛之於八都下淤激戰一小時不支而退知事劉光鼎攜印捲款潛逃孫基昌委邑人吴逢祥代理縣務派捐索餉按户拉夫騷擾不可言狀

十四年政和土匪鄭振新劫掠七都桃坑居民奮勇抵禦斃匪十餘人卒因衆寡不敵被焚民屋四座祇

軍警志 紀事

擄九人遇害二人

同年壽匪吳軒榮時出沒於東一區肆（大）其騷擾各村多興辦保衛團以資防禦其患稍息

同年寧德匪突入油山頭村刀傷嚴永揚其子昌明被擄勒贖洋二千元

十五年八月駐慶保安隊第四團三營七連盧兆熊督隊赴壽寧大黍劉匪排長盧冠群底野（副）團總吳純欽團丁吳道丙及兵士數人同時遇害

同年十一月閩督周蔭人入浙分兵東南兩鄉取道於慶絡繹不絕於途者竟月計有一萬數千之眾幸知

事張立德辦理供給應付有方始能維持秩序

同年十二月閩匪侵犯慶北縣知事長張立德率領民團擊之大澤人闕肇禮奮勇先驅中彈而亡縣知事長弔而卹之

同年陳匪榮英擾坑井村擄吳育松等三人

十六年正月閩匪吳錫光由蒲潭來犯城時駐軍因故盡撤僅有巡緝隊十餘名快鎗七桿彈數百數發倉猝聞報縣長張立德處以鎮定身先士卒衛之於城北公園門外茅亭匪麕集至發槍轟擊之會天大雨匪多土炮竟不燃慌亂潰逃乘勝追殺至五都殲其渠魁斃死

軍警志 紀事

匪甚夥城危以解

同年五月丁振華率領叛軍一團由秦順擾慶時駐軍警備隊祇十名縣長周鼎添募鄉兵潛伏於縣東石壁隘叛軍遣先鋒十餘人先登被伏兵殲其二知有備乃分散山背包抄周縣長見事不濟遂退却叛軍入城佔踞五日向城内后田大濟索餉二萬元槎溪一千二百元由龍泉退去

同年五月閩匪黃屈陀擾左溪民間契據文件以及耕牛牲畜悉被搜括

同年六月閩匪盧德興擾江根擄吴炳揚胡道達等

三十四人殺吳明揚吳曰華劉朝富三人損失財物二千六百元以上

同年八月盧匪復劫掠青竹鎗殺胡繼本胡開櫃胡開平三人傷四人擄二十餘人勒贖一千五百元

同年十月黄匪屈陀擾蘇湖塘梵屋住三堂胡應鎔之父及弟被綁胡應錢胡明禄胡明鏸等亦損失甚巨

同年盧匪德興時出沒於竹坪迫脅居民勒索洋款不知次數

十七年四月壽匪夏美美侵入江根殺斃吳曰福一人

同年五月閩匪王建興寇青田村長管登唐偕登乾佐

桓登旺之妻衛之不敵同時遇害

同年十二月閩匪何金標盤踞杉坑亭截刼槍殺後洋

境人鄭宗熙胡水甘二人復搶掠陳思元雜貨店捆

載而去

十八年四月何匪金標刼掠上店擊殺吳高松及子妹

並擄去吳登根家之三歲幼孩

同年六月何匪金標刼掠半坑村擄三十餘人牲畜貨

物被刼一空

同年八月何匪金標大寇龍泉回巢至青竹住宿按户

搜括一空

同年十一月壽匪陳雁長擾江根擄去陳廣泰葉阿業損失貨物數百元

十九年一月鄭匪培勳勾結壽匪劫後洋村被鄉兵剿滅之

同年二月壽匪先後侵擾石塘白柘兩村衣服器具損失殆盡白柘人胡周通抗拒被殺

同年四月七日閩匪何金標林欽陳良銘糾集大股陷慶十日縣長黃士杰率同保安隊第四團第三營九十兩連克復之

慶元地處閩邊自民國十三年孫傳芳入浙十五年

周蔭人入浙均道經慶元其中不無逃亡兵士逗留閩邊與壽寧等縣土匪勾結至十六十七兩年間勢日猖獗所以省政府對於閩邊各縣均派重兵駐紮以資防守十八年秋龍泉被陷省政府益形重視因調國軍二六九團一營駐慶十九年三月二十七日國軍東調全城人心即起惶恐奔走呼號拍電挽留國軍以命令所在於三十一日即行開拔民衆至此已知不幸之失守當不能免黨政方面日唯企望省政府之令隊接防復電不謂至四月四日復電始下係令第四團派隊接防然形勢日形緊張矣

十九年四月七日何金標陷城經過

初縣政府自國軍開拔後即召集緊急防務會議黨方常務委員周子敘力主聯甲並招募鄉團暫圖防守復推黨部訓練部長蔡壽負責惟關於前者因限於時間未能猝辦後者則決議進行防守亦頗嚴密但以器械均係火鎗土炮之類亦已無法只有暫藉以安定人心而已

延至六日下午七時半匪來消息忽接距城二十里之報告（匪係抵嶺頭距六十里訛傳應嶺頭距二十里）一時風鶴陡驚全城老幼婦女即於當夜逃避機關中人除縣長公安局長暨鄉兵外亦隨之而走蓋至此人心已亂秩序無

軍警志　紀事

法維持個性心理均失自主能力至七日八時消息寂然羣返縣城坐未定刻匪距離三十里之報告復來時黨政人員均適在縣政府計劃調遣鄉兵防守辦法聞報之後黃縣長周常委郎相偕至公安局請公安局請蔡壽計議並在局造飯午餐就膳未畢真正離城二十里之報告至矣蔡壽與公安局長郎出發黃縣長與周委常委隨後馳往離城五里許之地分散埋伏匪來開炮聲聞十數里終以匪勢如潮約有千餘人匪槍精利快鎗有三百餘枝鄉兵彈藥復罄不得已退却此不幸之慶元遂被匪佔有矣

洗劫經過

匪入城後焚監獄燒民房先燒城西吳垂臻吳加垂吳加順李全榮房屋兩座隨遣匪徒赴余村樸溪勒款焚去范樹青吳奕錢吳殿培住宅火焰沖霄復大索殷戶拘窮苦老人婦女嚴刑鞫訊追究殷戶避匿所在凡民間住戶所遺一絲一粟靡不搜括殆盡

慶元於七日上午十二時失守後黃縣長同周常委連夜馳往小梅會銜拍電省政府報告慶元守失經過並乘夜趁船至龍泉請兵援救於八日上午十一時始遇接防軍隊折返於九日上午十二時半回抵小梅十日由黃縣長率同保安隊第四團第三營第九十兩連兼程趲進匪偵知援兵將至且戰且退尤

軍警志 紀事

復焚燬后田市面商舖住戶三百餘戶家綁擄五餘人洗劫計歷四日三夜竄至嶺頭全村被焚百餘家並焚劫蘇湖塘山翠灣村災情奇重人民困苦可云極矣黃縣長於克復慶城後即召集各法團一面飛電省政府呈報克復情形一面組織匪災善後委員會辦理救濟事宜厥後省賑務會撥款一萬元散賑劫後災黎始漸昭蘇

同年四月閩匪王建興且擄掠竹坪楊橋黃沙青竹箐村閩鄉兵集合追去

建興乘何匪金標攻陷縣城於四月八日搶劫竹坪

補遺

胡德開胡友純家擄去胡德升胡睦鄰二人勒贖銀洋壹千四百元九月分股至楊橋勒款派探到黃沙被鄉兵擊斃匪探二人十一日復由青竹至楊橋叔掠數小時開聯甲集合始遁去

同年五月十九日何匪金標率股二百餘人由政和高山繞道攀水夤夜至楊家莊嶺頭深面荷地黃沙巖坑來襲黃壇綁擄六十餘人損失甚巨次日被東山後東溪底墅各鄉兵圍攻斃匪九人團兵吳道廉吳法德洲吳其清胡孟渠胡明通死之匪退轄竹青竹向左溪黃岡勒索巨款至二十六日復陷蘇湖塘縣長黃

士杰聞報派保安隊第四團第三營第九連連長冉吉軒率隊包圍蘇湖塘擊斃匪徒十餘人匪向壽寧渺洋洋尾而竄而追（後該連調防當地士民堅留不得曾製匾贈以淨寇安土四字以誌去思）

同年八月青幫匪首林彪林明棟郭子梅擾亂官塘青竹湖邊洋高畬坑坑下等村縣長黃士杰派保衛團總隊長王夢湘率隊會同鄉兵擊斃之

景寧帮匪林彪林明棟龍泉帮匪郭子梅糾集莠民五六百人以反對土地陳報爲號召在景轄八閣殿宰猪會盟四出叔掠潛入慶邑東鄉到處擾亂慶景邊界附近居民不勝騷擾乃議決辦理慶景聯甲會

慶推周大生為甲長景推周建西為甲長分頭防衛
一面飛報慶元縣政府縣長黃士杰派保衛團總隊
長王夢湘星夜拔隊應援戰於山堆坳匪衆棄械潰
逃當場格斃二名擒獲八名其患始平
同年十月閩匪周玉光連日刼掠黃岡湖邊洋荷地底
墅青竹南陽等村勢甚猖獗
慶元東鄉接近壽寧匪氛甚熾民國十七八年原駐
省軍一連於荷地以資防衛本年因故撤回縣城周
匪偵知乘虛而入十月四日刼黃岡竄入湖邊洋擄
婦女二人五日至荷地焚燒房屋兩座保安隊二排

所過村坊
刼擄靡遺後據壽寧
青竹帮在冷溪浦
匪首彥進見不合另
率一股擄大埠萬
崙坑湖邊洋村
過南陽一路係
范孫貝積另一
李十八等語查
稿另編

馳往援救因路逕不熟被匪搶殺班長士兵二名六
日陷底壟焚倉房二座旋至青竹過南陽刼掠范友
瑾范孝親家擄去五人所過村方搜括靡遺
同年同十一月周匪玉光刼掠印漿村擄去十九人耕牛
十六隻
同月周匪玉光竄入南鄉張天村窺隆宮縣長黃士杰
保安隊連長冉吉軒馳往堵勦匪退赦封庵黃村坑等
村鄉兵奮勇進剿獲奪快槍二枝手槍一枝擒匪二名
同年十二月政和土匪刼掠三都油山頭嚴永揚家時
適為子婚娶賀客盈門被擄嚴永揚父子二人賀客

匪徒為訛民
截獲

八人勒贖數千元截獲匪徒一人送縣處[illegible]鎗

決

二十年二月周匪玉光擾害官塘焚民屋六座並勒去銀洋

九百餘元

同年四月周匪玉光擾舉水西溪醮田後洋坑綁去數

十人焚燬劫掠厥狀至慘

同年五月周匪玉光竄入南鄉張天黃坑生水塘槍殺

黃坑吳思誠妻及吳兆沛綁去生水塘鮑家餘等九

人燒民屋十餘家並擄張天陳作山等四人

同年七月闖匪石黃兩股來犯南鄉距七都內關村僅五里聞

軍警志 紀事

警第四區保衛團集合鄉兵馳往堵剿匪遁走百丈山下團兵追踪而至計斃匪七十餘人生擒二人奪獲快槍二桿偽印三顆餉薄一本符號二張餘匪潰竄鄉兵葉開訓吳先儉遇害

同年八月周玉光遣黨羽許阿振犯江根村綁去團總吳建邦及毓岐十六人損失銀洋三千餘元

同年十月大刀會匪襲縣駐軍討平之

會之初起因東鄉人民之旅閩業菰者目染邪術頗信吞符念咒能避槍彈從而學習之以期流傳鄉里驅除匪患乃倩建甌會徒葉某偕來授徒至五月菰民

回籍道經政和鹿角地途遇周匪阻梗遂自動截擊斬馘甚多於是益信其術爲可用奉葉某如神明此慶邑大道會之始也葉某既入匿東鄉傳播邪術黨徒日衆周匪時又來犯葉某率徒與抗爲匪中傷乃延龍泉小梅人謝漢定父子醫治謝子毓英固里中惡少年也葉傷既瘳心甚德之即以術授謝歸而號召無賴立堂於童（桐）山于是龍泉及慶元之北鄉亦有會徒之踪跡焉同時政和松溪各縣會勢日張且屢有擾害駐軍之事政府莫敢顧問會匪得訊益無忌憚有蠢蠢欲動之勢九月之十五日駐小梅第一營

第一連林斌見會勢嚚張搜獲黨羽七人並抄出花
名册解送龍泉營部因此一觸煽動反抗二十日林
所部一排搜劉桐山不料會徒突出其後首尾不顧
被害士兵五人服裝槍械損失甚多林連退守查田
待援二十五日駐龍泉第一營江川親率第一四七
三連及機關排推進桐山將香堂焚燬衆無所依遂
集上坑二十八日駐慶城第三營陳公明率第八連
一排親赴查田與江營有所接洽晚抵竹口不期桐
山會徒輒有所聞深虞不利於已遂於二十九日拂
曉衆百餘人由小梅馳襲竹口時駐竹口駐第三連

毛鳶飛連長得前綫警報即負搶當前短兵相接手刃渠魁謝毓英會徒勇氣稍挫欲退毛連長方擬追犇逐北肅清醜類不謂失足傾跌彼勢復集遂以遇害士兵因失重心紛紛潰退同時被害者九人幸賴陳營長率同區長陳國聰召集殘卒奮勇克復擊斃會徒十餘人始行狼狽散去午刻報至縣城即飛調第八連全部增防竹口以資鎮懾竹口變後政府奉有劉撫蕃施之命即召集各團體各士紳四出宣傳政府寬大意旨努力勸散禁止活動方謂從此可以救平豈期會匪中毒已深不旋踵間又於十月四日

晨刻糾集三百餘人來攻縣城幸城中早有戒備得警後陳營長首先佔踞石龍山要隘警團左右策應取居高臨下之勢布劃未竟匪已揚旗舞刀而來陳營態度安閑指揮若定瞄準射擊當時擊斃首領十餘人保衛團王夢湘隊長擔任左翼亦奮勇夾擊匪遂潰刀矛旗仗拋棄滿地至午後告結束由政府派員會同士紳分頭檢查曉諭民眾恢復秩序事上聞復奉省府派第一團周團長天健率隊辦理善後事宜訂定會匪自新辦法繳毀刀鎗法衣限期具結改悔其患遂寢

同年十二月周匪玉光犯上標被景寧駐軍擊潰竄入官塘鄉去吳卓高吳先英吳志銑吳志鈞四人

同年十二月周匪玉光劫掠青竹岱根一帶鄉村青岱聯合村團丁胡儒智毛高潘毛高澄胡開裕樂之早蕩地方同時遇害

二十一年周匪玉光犯後洋坑洗劫一空竄入西溪燒房屋四座至蕩口保安隊第一團第三營第十四連吳天瀾擊敗之

以上新采訪

警察

清

縣警察所額警二十二名

慶元警察清宣統元年五月創辦初名巡警總局設巡官一員至宣統三年改稱爲警務長公所巡官改稱警務長

民國

縣公安局巡警三十二名

竹口第一派出所分駐巡官一名巡警四名

蒲潭第二派出所分駐巡官長一名巡警四名

民國元年二月改名為警察署設署長一員四月又改為警察事務所署長改為所長添募警察十名三年復改為警察所所長由縣知事兼任並設警佐一員駐所辦公十年警佐改為所長十八年五月奉令警察所改為公安局所長改為局長添設佐理一員同月又改稱縣政府公安局二十年復奉令改稱慶元縣公安局局長以下設巡官一員內部組織分第一第二兩科二十一年添設派出所兩處分駐竹口蒲潭

以上新采訪

保衛團 各區附

縣保衛團團丁六十名

民國十九年十月成立團長由縣長兼任總隊長一員員教練助理各一員年支經費銀洋八千四百元

第二區冬防自衛團團丁一百二十二名分四處駐守一地杉三十名二蔡后十名三爐八四十五名四魚漈四十名設官長四人全區總支經費銀洋七千五百六十元

第三區保衛團團丁八十五名

民國十九年十一月成立設官長三人教練一人年

支經費銀洋一萬四千元
第四區保衛團團丁壹拾名
民國十六年十二月就原有之保衛團改組成立設
官長一員年支經費銀洋一千九百二十元
第六區保衛團團丁三十名
民國二十年九月成立區團長由區長兼任設總隊
長一員年支經費銀洋五千八百八十元
慶元三面聯閩自民元以來屢受匪患至民七知事
江宗濂提議創辦各區保衛團以資捍禦劃縣為五
區區設一團嗣以經費困乏旋興旋廢至民十六縣

三孫傳芳入境閩匪乘機蜂起張知事立德又於東南北三鄉遍立三十二團然皆費絀械乏有名無實以迄民十六叛軍丁振華擾境無形瓦解民十六縣長黃士杰到任環顧地勢為閩匪犯浙之衝自衛所必要乃促令各區從新組織恢復原狀東二區后垟坑設立總團一處督率各區以遏壽寧南區隆宮設團一處以扼政和成效稍著迨民十九何匪亂後黃縣長續復籌費購械組織縣保衛團一東三區荷地北二區竹口次第設立各一督促訓練實力較厚民二十一年六月依照縣保衛團組織法統籌劃一經

費改組縣基幹隊一計九分隊二十七班縣設團部

一區團部六並於各甲設義務團丁輪值守望

以上新采訪

風土志

卷八

慶元縣志卷之八

風土志

習尚附權量錢幣 歲時 禮制 物產

正淫奢儉，五方之風尚不同，而整齊變化，責歸司牧所倡導之者何如耳。慶爲浙屬末邑，即古松源地，人敦古處，俗尚謹厚，力務本業，由來久矣。現在歐化漸被，士知向外求學，工商亦知革故鶩新，惟農則仍守舊不變。不過山多而平原少，牢守古法，不知改易，亦地理有以使之然也。但其一種質樸儉約之風，絕無

風土志　習尚

機械變詐之習。誠足尚矣。舊志列目五，今改坑冶附入實業，從其類也。書此以為採風問俗者之一獻，可乎。是作志之要也。志風土。

風略

慶元山多田少，土瘠民貧，力勤尚儉，人多土著，俗鮮獲殖（舊志）。蠶桑之利，近亦建有模範桑園以資振興（舊采訪）

人民職業，向多務農，惟工匠稀少，工價甚高，以肩樹鋸板居多，南北兩鄉富造紙之業。

慶雖小邑，不乏慈善團體，橋有橋會，路有路會，均厚積常產，選公正者董其事，以負經理計劃之責。

家族觀念頗徹，團結彝倫攸敘，去古未遠，聚族而居者，城鄉村落所在皆是，禮尚往來，然諾之風猶有存在。男尚勤儉，女習家政，雖世紳巨富，不養奴婢。以上節錄縣政府風俗調查綱要

習尚

山國之民，其氣剛以勁，雖饑寒切身，亦不肯鬻其子女。然好訟喜鬪，間亦有之，至大奸大慝，則未之聞。四民之家，先衣食而後詩書，於子弟學業罕能培植，上公車者甚少，亦有初列黌序，營心三窟，街談巷議，惟利是圖，甚至學業不成，竄入書吏，以庇門户，恬不為怪，士風不振，未必不由於此。以上參錄府志

舊志云士守名節婦不外見敦詩書飭廉恥寧變產輸糧不忍受辱事非切己不敢擅至公庭故敦讓厚别兢兢禮教渾樸之風獨完

舊時屠販經紀惟無恒產者藉以餬口今則壟斷居奇皆出有力之家居鄉者以製蕈為業老者在家壯者居外川陝雲貴無所不歷跋涉之苦甘如飴焉視其所獲十難居五大抵慶邑之民多仰食於蕈山志

民風儉樸服飾質素荆釵布裙猶存古道惟婦女胸前無論老幼均束有攔身裙形似厨工遮垢之攔

腰布雖作客時亦著之間有以銀鍊代帶而繫於項際及腰間者則為較裕之家或云此表婦女中饋之意似亦近理（節錄縣政府風俗調查綱要）

四民

士人家不畜僕童有場圃者雇人種蔬無者採買於市弟子閒時出就外傅入學後多務家政喜無遊人異物以遷其志亦無繁文縟節以蕩其心服飾布素不尚綺羅齊之以禮頗能復古

古者農之子恒為農茲則不然或有耕而兼讀者或有耕而掛名胥吏者避役故也今里役已革民得

專意田畝一年所出可贍數口邑中輿夫甚少習者性多倨傲非倍其值不肯行（舊志）

舊俗農佃與地主無分階級擇佃必先慎選租數必經妥訂其訂立之約名曰仰約互相往來頗具好感（節錄縣政府風俗調查綱要）

工匠悉資外籍石工則寧德木工則江西鐵工則景寧錫工則永康近則紙廠為盛（舊志）經多方提倡本地亦能製造日常用品其最著者為龍鬚草席木批器具頗為銷行（節錄縣政府風俗調查綱要）

行商以種蕈為業其次運木者亦歲歲有之他業則

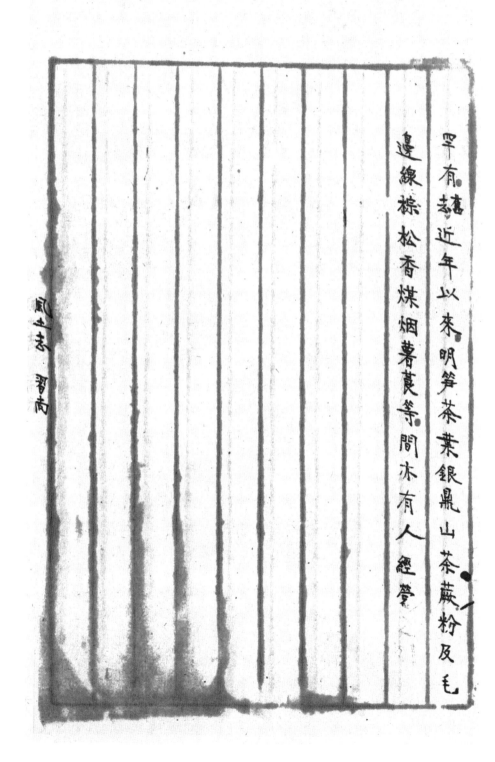

罕有。舊志近年以來明笋茶葉銀鼎山茶蕨粉及毛邊線棕松香煤烟薯莨等間亦有人經營

舊志婦

禮制（據93頁）

冠禮久已不行女子臨嫁而笄凡在戚屬召謙者女家必答席

初議婚不及問名即納手鐲項圈麒麟牌作聘記謂之插定正聘時納白金若干不拘數謂之送茶始立庚帖父家則贈以禮物謂之回聘請期餽禮或接以金謂之拜門擔娶日婿不親迎今北鄉亦有之在城各鄉命小叔及冰人來接謂之壓轎父家命子姪一人送親親入門時請老父有福壽者作擯相引至洞房婿入對坐飲食用十全菜謂之米節

風土志 禮制

飯日暮燃燭輝煌音樂具舉出拜天地祖先轉至堂前拜舅姑及各親女戚俱相見畢送入洞房行合巹禮（舊志）

先是女家新娘出門粧奩與花轎同時並至壻家粧奩之前例必有牛一隻或兩隻係新娘母舅所備贈者牛首尾纏以紅布用為前導謂之帶路牛壻家收〔於大聘時〕受牛以前須報以牛儀若干金或云此取重農之義或云係雙星渡河之遺意未知孰是（節錄縣政府風俗調查綱要）

喪葬殁之日庭設靈座遷尸正寢舉奠飯是夜延巫報靈親友來吊謂之相望人子執杖跪伏號泣……

重陽祀先食角黍、麻糍士人龍山登高飲酒賦詩

孟冬月釀紅粬酒

季冬月煎米飴

除夕晡前祀神祭先放爆竹曰辭年是夕守歲如古

禮

歲時

元旦禮神及祖奠三牲茶酒瓶插柏枝盆盛柿桔闢門放爆以兆百事之吉是日舉家食素早設羹飯夜備茶菓薦于影室凡五日夜而止

次日祝禧親朋相賀留席幼者給以五彩菓品

上元自十三夜至十五夜架鰲山剪彩張燈迓土神出遊笙歌戲劇襍沓往來夜闌則止

春社日祀社祈年分社肉做社餅以相饋送

清明日致祭祖祠標清祭掃先墳有祭田者在墓前分散紅卵

立夏日作香羹

仲夏四日懸蒲艾以酒食角黍薦寢祀先相傳胡仲淵名深仲淵其字縉雲人元季參謀軍事募壯士屯竹口討平諸賊入明擢王府參軍仍總制處州摘錄府志宋濂撰神道碑以午日出師故焉遂沿為例鄰邑皆然

端午日收百草沐浴飲雄黃菖蒲酒食角黍

六月六日晒衣書

中元家各祀先不舉葷祠內豎旛道場舉盂蘭會分散饅首舊志近代西癸章立日祭祀盛族延僧薦祖誦經

秋社祀神報穀

中秋夜飲食糕餅以賞月華

七日一祭至七祭為止謂之完七則卒哭期年為小祥三年為大祥除服大概以二十七個月為度俱設家祭

出殯時須於期前請有聞望者為之點主殁者生前之事功並須肩牌以示親戚道左有竹一株根杪完全懸以青布列置門前屆時役抬柩出大門拖幃蓋屬引最先有一人三步五步撒一張紙錢謂之散紙錢此職務必以女壻充之有二人抬一靈牌謂之魂轎親戚引於棺前孝子匍匐隨於棺後巫道擊鈸以送事畢孝子對於會葬者必踵門叩謝以上節錄縣政府風俗調查綱要

晡時

改擇時。按晡時係申時也豈慶人皆申時入殓

未免太鑿并酌之

上接89页

日戚屬婦女亦來相望喪家具素以待晡時入殮羅列牲醴讀祝舉哀杖巫的呼人子不避孤虛戚屬有犯者則避之蓋棺已畢留衆餕餘以後各親不限吊期各具香楮素菜以賻延僧誦經謂之薦亡出殯選日有山即葬無者停於土室有延至數十年而不葬者蓋風水之說誤之也舊志

親殁後即成服所有喪服仍遵古禮製法斬衰用生麻布旁及下際不緝麻冠草屨菅經期功以下得以熟麻布或白布製之如匆促不及備製麻衣者得先反穿布製常服腰圍菅經以代之其等差大概

風土志　禮制

子斬衰孫與姪齊衰期服曾孫期服姪孫功服姪曾孫緦服弟對兄杖期父對子夫對妻均杖期女對父喪齊衰三年惟翁姑在則齊衰期服媳對翁姑亦齊衰三年婦對夫喪斬衰三年女孫姪女孫均與男之等差同（以上節錄縣政府風俗調查綱要）

祭自春秋時享外生辰死忌不論貧富俱薦於正寢遇初度之年富者宰牲牢設盛饌以祭貧者備牲酒醴百歲而後已有醮祖者當忌日子孫助祭餕餘各給饅首不限百歲之期（舊志）

喪家自親死日數起以七日一祭月滿潭祭惟女性或

權量

度權量之制始自虞書詳於漢志度之數本於律而權量則本於度國家須有程式著為法令所以塡出納而杜分歧意甚善也歷世既久浸失舊制如慶之權量則城鄉異制自為風氣舊例制相沿成為積習册籍不書稽考無由攟而錄之亦留心風俗者所樂觀也纂自史澄鄉章舊訪稿

秤

合十六兩為一斤曰官秤此普通之秤商家所通行者也此外有以二十八兩為斤或二十四兩為斤者

名之曰大秤。東一東二兩鄉盛行之，南一南二兩鄉間亦用之。又有以官秤三斤爲一斤者，號爲柴秤，城鄉皆用之。

杦

城隅及四五六八都等處以六小升作一斗，以八斗二升爲一杦，曰城杦，共以八斗三升及八斗五升爲一杦者，曰大坂洋杦，乂斗三升爲杦者，曰大濟杦。凡所謂杦，又名曰把。民間契約註載大租一把者，即上敘之杦也。

上都一二兩圖有重租平租之别，重租每把即一杦

計六斗四升平租每把四斗
二都五圖之濛淤西川等附近各地有摘租平租之
稱摘即城枋之別名賢良湖池南陽及附近各村以
秤為枋把一秤作一把每秤重十斤每斤二十兩皮
骨租同
二都六圖甘竹山蓋竹及附近各村有上平租牙租
平租等名牙租每把四斗三升上平租每把四斗一
升平租每把四斗其合湖黃水齋郎等村則以窕為
把每一窕作一把每二十兩秤一斤為一窕皮骨租
同

風土志 權量

二都又八九十圖民間米穀出入及契約上之註載有以把名者有以石名者有以斗名者有以籮名者而實際上皆權之以秤秤之重量即二十兩為斤之大秤每大秤十斤為一秤至籮斗之折合以十斗為一籮一籮即一擔也民間收租一籮者均合挑率八分三都有平租枋租之分平租權量與一二兩都之平租同枋租每枋計官秤五斤該都以骨租十六枋為一擔皮租二十枋為一擔每擔合城枋六枋此共普通習慣也

又都之中租即上都之重租平租枋租均與一二三

都平枋各租之斗量相等有所謂次平租者祇該都有之每把合三斗四升其斗之重量合六升為一斗皮骨租同

四都之枋把與城三處五八都等地方相等間有秤以名者其所名之秤與東鄉之秤重量相同苗租正租無所區別苗租即皮租正租即骨租也

北鄉四都向有桶租石租之區別每桶租一桶分三斗每斗合六小升計每桶合小升十八升矣每三桶貳三桶六成為一石容桶數之多寡以分石之大小枋新采

銀幣

慶俗銀價名稱因時而易拆兌市情又因名而異清初多以紋銀為出納契約成立多以銀計乾慶兩朝有九乂色銀及土風時值價銀蘇秤兌曹秤兌諸名自迨咸同治以後大都以錢價書契其以銀為價者僅矣光緒宣統間行使日本銀幣稱之曰龍洋商人輾轉加以硬戳戳記重疊又稱為爛板邋洋而書契間有沿用紋銀者則因官廳稅契有每兩作洋一元之假定業戶為減稅起見並非實際上果有紋銀兌現也惟東鄉今於契約仍沿書時值價銀者此則習慣

使然又不關減稅之作用矣惟幣制變更歷年久遠因贖產而生銀價之異議者已往往而有詳以紀之既以杜鄉里之爭抑亦為採風問俗之助焉

龍洋即日本銀幣兑墨西哥銀元每元作九角七分

紋銀每一兩折錢一千五百文圓絲銀蘇秤兑曹秤兑一體與紋銀同

九七色銀每一兩折錢九百七十文現該銀民間遇贖舊產時書適作價大洋一元

土風時值價銀每一兩折錢七百文現民間贖產時該銀一兩改作大洋七角

色銀每一兩折錢與土風時值銀之折價相同

時價洋銀每一兩照銀圓之分量推算新采訪

物產

馮生之族辨土所宜樹畜有時樽節有度亦食物之一端乎慶邑水土寒薄所產無奇而物力消長又不能無今昔之異茲核實所出載之於冊以見民生日用其所需有如此云

穀屬

冬𠂢白粒細而白無芒
芒早色白粒大稈勁有芒
紅米肚粒粳色純赤
百日早六月初先熟
齊頭粒大雪色味香甘先熟
旱穀種於無水處因名
馬鞍早粒白而無芒
青粳晚稻粒大無芒

火燒穀俗名花穀

秦寧早或云傳自秦寧故名葉細稈矮早年不畏穀信較早種之多獲豐年以穀花色無芒為真新采訪

白米早穀粒細而米純白且無芒多結子現今農人多傳種新采訪

木撑穤粒小腳矮無芒

天罡穤

企企變

烏節

白芒

紅穀有二種土產有芒穤連穤無芒

白穀俗名白穀穤無芒

烏鬃穤俗名長芒穤芒長寸許

野豬惡種於山嶺之田芒長寸許如針野豬見而惡之不食故名野豬惡

光稓粒大而無芒其米土人製為粿

大麥小滿前收刈芒甚長

小麥小滿節收刈

蕎麥葉圓八月半前後收刈種於山地

芒稭

芒長黏性過於光稭製粿最良

紅雲豆 春分下種秋分開花結子如龍眼大與豬肉同煨燗味如栗

白豆 春分下種秋分收成煨爛佐以白糖可作點心

黄穇

雞爪穇

（扁平）

花麥 粟二種秔稉

芝蔴有黑白二色 黄豆四月下種移植於田塍

烏豆 菉豆以水浸濕生白芽名曰菉豆芽為菜中常[illegible]

品 羊鬚豆

赤豆小而色赤供饘餰及煮粥 雲豆與黄豆同種肉豆子有雲紋故名雲豆

刀豆葉肥大花白色結莢如皂角而長扁平似刀故名

缸豆穀雨後種六月收有花白綠子（再一種名曰八月缸） 八月缸立秋前種有紅白黑兩種

三收豆花白為四五月間恒蔬 羊角豆結莢如羊角故名

苞蘿即玉蜀黍 麥豆有紅花白花二種紅花[illegible]豆白花殼嫩殼豆均可[illegible]

蔬屬

萵作萵筍非

薑有紅白二種（黄）

芋有紅白二種

陝西芋係小種，或云傳自陝西，故名。莖方，葉小而毛，形似田芋而大，一芋重二三斤，今一二都多植之。初春下種，交夏可以掘食，且荒年可以濟饑，亦佳種也。新采訪

葱

韭（俗名韭菜）

莧（俗名莧菜）有紅白二種

芹

筍有冬筍、石筍、茅筍、甘筍、雷筍、苦筍（種等）

薯（俗名蕃薯）有紅白二種

洋芋相傳種子來自外國，有兩種，一白者一紅〻。春下種，忙種時收。年來無論城鄉栽種頗多，以該芋質有澱粉，可以當飯，丁此米珠時代，不無少補。新采訪

蒜

薤葉肥而短，似蒜

萵即萵蒿，俗名蓬蒿，狀似菊花

蕨

蕈生於山野竹木間，色白而大者為佳

筍

毛竹冬生曰冬筍春生曰春筍若甘筍雷筍石筍苦筍麻筍等均生於夏唯茭筍則生於秋

即茼蒿俗名蓬蒿狀似菊花

番薯有紅白二種瘠土皆可種亦可製粉

硬耳

奇菜又名馬蹄菜

萬志
甘薏

芸薹

菾有紫菾白綠甜三種

菠薐有雌雄二種雌者葉圓雄者葉尖

苦蕒葉布莖兩生葉莖有紅白二種

萵苣有圓葉尖葉二種

芫荽華味香為常膳香料

莙薘葉似湯匙恒蔬

蘿蔔

苦薏野生味苦有餘甘採為恒蔬

油菜即芸薹葉秋冬之間主要恒蔬

多白

多芥

蕹菜其莖中空俗稱空心菜

蓏屬

冬瓜

北瓜即南瓜色黃如金秋熟者供蔬食或作醬

黃瓜有黃白二種

絲瓜俗名天羅嫩小可食老則成絲

苦瓜有綠白二種

匏瓜有牛腿匏大者約七八斤重有金匏如碗大

果屬

桃 有山桃諸種惟麥稈桃早熟歪嘴桃碩大味甜而形歪斜晚熟山桃諸種

李 有紅黃二種黃者俗名甜黃李　　梅 有紅白二種

杏　　柰 果名即蘋果本草一名蘋婆即蘋果之異名

柿 蒸熟晒乾名曰柿乾　　柑

橘 有土橘福橘二種　　梨 有接梨大如碗甘美山梨小而苦澀

栗 圓栗扁栗圓而小者俗名金栗　　棗

榧子 多產於東鄉一帶十月間熟以火炒食甚香美

石榴　　楊梅 有紅白二種白味較酸

枇杷 邑產多小而味酸　　林檎 產於東鄉舉水味尤甘美

蓮子

菱角

葵子俗名日頭花子

葡萄土產小而味酸

橄欖俗名（呂）青果

苦櫧喬木其木大者數抱高二三丈結實大如榭子味苦澀煮炒乃帶甘或去殼磨粉製為苦櫧腐

陳梨生於山間味酸

山棗樹若桂樹果實冬熟色黃而味酸製以為餅亦可口

香櫞其色如瓜生綠熟黃皮黃柚而厚皺而光澤味不甚佳而清香襲人

柚有紅肉白肉二種產於六都上淤者味甘最有名

木屬

松山人斫老松根以代燭燈材尤主要燃薪

柏葉扁而側生曰側柏葉細枝柔而低垂曰吊柏

杉材木建造房屋樑柱木版為用極廣多截為木段板料販運東甌為出產一大宗也

榅俗名榅杉材直理細劈開薄約分許以製槃盒等物俗名批器

風土志　物產

樟 材理如雲紋用以製棹櫈器具或製樟腦

楓 葉圓而歧樹皮有脂流出名楓香

槐 葉小而青綠可充燃薪

桑 土種與湖桑比較葉微長而薄

桐 材可製器具子可榨油曰桐油

柳 俗名吊柳

椿 葉嫩時色紅香甘可食俗名香椿材堅實可製器具

櫸 材堅實可為建築良材木材亦可製器具

柏 其子俗名柏子榨油製燭渣滓成餅可充肥料

柘 其木堅勁皮紋細密可製器具

櫧 俗名苦櫧樹實可食冬月採之木作屋材難腐也

桂 俗名木樨樹有黃丹二色

檜 爾雅曰檜柏葉松身按今檜葉似柏而圓體幹類松但無鱗甲今人名圓栢以別側栢

梓 葉類梧桐葉而薄小其材可製器

榧 實大如棗可食材有文采可製器具

樗 可充燃薪

茶 製細茶

檀有黃白二種 冬青俗名山凍青土人採其葉以染布作緋色

椶櫚葉大如車輪四散歧裂其下有皮重疊裹之取以製蓑衣繩索名椶衣椶索

相思木材理堅緻可作器具 洋槐

黃金 茶子可製油曰茶油可燃燈亦可食

竹屬

雷 貓俗名茅竹幹厚而大可製竹器及毛邊紙原料

石 筆 紫 斑 水 苦

筋 箬其葉柔而韌可作笠及裹米椶 慈 麻

矮 黃 觀音 鳳尾纖小猗那可植於盆 棕

花屬

牡丹 芍藥 芙蓉有重瓣單瓣二種 木樨有四季木樨月開之別

凌霄花
〔蘆花〕
细叶牡丹
（外此是蘭，蘭花莖
皆红，香不甚久，春間
秋間均有之）

紫荆　臘梅　荷　矮桃　郁李　水梔
薔薇　茉莉　雞冠有紅白黄綠紫五種　葵　瑞香有紅白二種
山茶紅白二色，重瓣、單瓣二種　玉簪　鳳仙俗名指甲花，有重瓣、單瓣二種，紅白二色
杜鵑俗名春鳥花，有紅白二種　海棠　佛桑本名朱槿　罌粟又名麗春
蘭正月開花，一莖一花，名素心蘭，有大葉、小葉二種；六七月開花，一莖數花，名素蕙，亦有大葉、小葉二種
玫瑰　木筆　百合花淡白黄色，根色白，鱗片狀，重疊如毬，取以製粉，名百合粉
蝴蝶　菊紅黄白三種　玉繡毬俗名毬花，色白　月月紅
翦春蘿　美人蕉　千瓣榴　木槿可作蔬
櫻花　滿樹紅　薑紅花
草屬
芭蕉　萱草俗名鹿葱，山京針，有單瓣、重瓣　菖蒲　龍鬚俗名蓆草，可編蓆

仙人掌

仙人指

仙人拳

菸 俗名草煙

鳳尾 觀音 蘆 萱 茭 茅 俗名黃茅刈取以供燃薪火引

蘋 藻 俗名蝦鬚 萍 俗名浮瓢綠者曰綠瓢紫者曰紫瓢

瓦松 青鋒劍 山辣葱 俗名老鴉蒜

吉羊草 萬年青 根葉均可作瘋犬藥 藤蘿

羽屬

雞 有烏骨烏肉反毛之別 鵝 婚禮納采以代雁

鴨 有土產鴨南鴨番鴨三種 燕 有紫燕胡燕二種

鴿 有灰色白花黑色各種 鵪雉

鵲 俗名喜鵲以其鳴為吉祥 黃鸝

鷓鴣 鷺鷥

畫眉 翡翠

竹雞　鷓鴣

鳩即斑鳩　杜鵑

百舌　山雞

啄木　鴉俗名老鴉其鳴俗為不祥皆惡之

烏鶥　鷍兒

郭公夏至後鳴聲音郭公郭公故名郭公鳥

孔雀　鵓鴿俗名斑斑

布穀即鳲鳩　黃頭性喜鬬

鷹俗名老鷹　田鷄即鷄

禿鷲　鵜

豬

鳧俗呼為水鴨　紅裙

毛屬

牛有黃牛水牛二種均可耕田　羊

犬有家犬獵犬山犬三種　猪

貓　虎

豹毛赤黃有黑文如錢俗名銅錢豹　狼

熊　猿

猴　鹿

麞毛黃體小有角肉味美俗名為麞　兔

鼠松鼠栗鼠山鼠等　獺

豬

舊志有山犬　見上犬條

麂

野猪　形如家猪，毛褐色，大牙出口外，常害農家作物。

鎗猪　狀如猪，项脊有刺似笄，白本而黑端，鬣長近尺許，其肚及屎為藥材。

漢猪　似猪，細脚而低，肉肥美。

狐

狸

竹䶉

恒鼠

山羊

九節狸　俗名狐狸，其尾有黑白錢文相間。

玉面狸　形似貓而有白毛，霜後肉美。諺云：霜天玉面狸。見雁山志

山犬

地豚

蝙蝠

麂麞　舊志曰：麞即是麂也，混合而言之者也。麂麞確分二種，毛黃體小有角曰麂，毛黑體稍大無角曰麞。麂肉味美，皮做鞋去濕。麞肉味稍減，皮亦適用。新采訪

鱗屬

鯉有紅黑色　鯽　鱖俗呼為魚虎　鯶　鰔　鯛

鰳　鯖　鰻　鱔俗名黃鱔　鰍　白俗名白魚肉中多細刺

石斑　圓眼

介屬

龜　鼈俗名團魚　蟹　蚌　螺產於田曰田螺產於池塘曰螺螄

穿山甲俗名鯪鯉甲　蝦

蟲屬

蠶　蜂　蛺蝶　蟬　蠅　蚯蚓　蟋蟀

蜘蛛　蜻蜓　蝦蟆　蚱蜢　蛙　蜈蚣

螳螂

蛇 種類甚多惟蝮蛇毒最烈被嚙者多死土人捕之以爲餌可入藥

螻蟻

螢

藥屬

白术 葉圓而長花紫色根色褐而粗促

茯苓 附生大松根下白色塊狀

枸杞 葉如石榴葉而軟薄莖葉間開小紅紫花結實如棗核大紅色根名地骨

黃精 葉似竹根如生薑色黃

百合 俗名百合臘

厚朴 皮厚而色赤紫味辛烈

艾 葉面綠而背白柔厚有茸端陽節采懸於戶

槐角

苦參 葉似槐葉根味極苦

荊芥 莖方窊面葉淡爲荊錢形黃綠色結小穗有細黑子有香氣似蘇

梔子

威靈仙 莖多細茸白毛而方如釵股四稜葉層生似柳而濶

野甘菊有黃白二種　半夏葉似竹葉三三相偶入藥採其根

薄荷葉尖而莖方　紫蘇葉卵形紫邊有鋸齒方莖味香烈可供恒食香料又種

白蘇俗以發瘧時代茶飲　茵陳

覆盆子俗名插田藨色紫紅四五月熟故名

五棓子　黃連

香薷俗名野香薷葉針狀對生而柔夏月用以代茶

益母　勾藤

天門冬春生藤蔓大如釵股長丈餘葉如杉而細散

金罌子　車前俗名蝦蟆衣葉布地如匙形

香附　木賊俗名擦草似黃麻莖而稍粗無枝葉

淡竹細莖根有鬚結珠子　金銀花莖微紫葉似豆葉花白五出經三日則色黃

石菖蒲　前胡葉似野菊葉根細青紫色秋間結實

小茴　南星葉如荷葉獨莖

辛荑　谷精草葉似穀秧一科叢生抽細莖結小白

花點點如亂星　瓜蔞仁

石斛俗名吊蘭莖如釵股生山岩者佳有銅鐵二種　木通

茱萸　葛根

桑白皮　白扁豆葉如豆葉莖如藤蔓六月開白花八

月結莢子入葯　槐花入葯采收未開時狀如米粒者炒用亦堪染黃色

青皮　木香

陳皮　　劉寄奴似野艾蒿葉瘦細花白實黃

天花粉即黃瓜蔞根　　金剛刺腦即土苓

貨屬按香菰筍乾等類宜屬於蔬而舊志屬貨姑從前例

苧俗名苧麻其嫩葉亦可食　　毛邊紙以毛竹為醃料

靛　　朱蕈面赤紅而背白味甚美

石衣俗名蕈蕈即岩石上苔衣　　蕨粉俗名山粉

蜂蜜　　白蠟

紅麯　　燭

筍乾　　百合粉

官師志

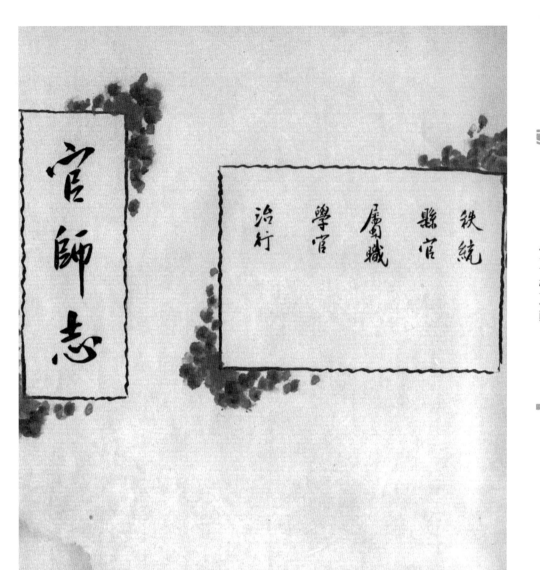

秩統
縣官
屬職
學官
治行

慶元縣志卷九

官師志

秩統　縣官　屬職
學官　治行

邑令為親民之官負守土之責者也事不能獨理設丞倅以佐之教宜有專司設兩學以董之皆所以為民也慶自置縣後號稱易治所謂一官已足督捕而外可以無事駢枝宋元之際書缺有間官師可考者不過數人元明之間縣丞主簿設而復裁明清以降教諭一職裁而復設典史亦祇明清可考前此闕如現入民國政體既更官制自殊茲惟稽其歷官姓氏

與其爵里年代有足徵者俱爲彙列入表間有政績優異亦爲登載治行用以爲官斯土者勸也志官師

秩統

國家設官分職惟賢惟能慶於宋慶元三年分治以迄民國肇基歷代損益互有不同且官制之興廢恒隨政潮而變遷撫今鑑古居位思治其間或汰或裁咸各有因地制宜久安長治之略寓焉爰爲分别敘其秩統如左

縣官

宋

令一人慶元三年分縣設案宋制差選人曰令若以京朝或幕職爲之則爲知縣

元

達魯花赤一人 名監縣案元制達魯花赤兼勸農事名監州州下設知州兼勸農事慶元為縣故祇設監縣間亦有兼勸農事者見至正十年孔暘記下濟記戍寺碑

主簿一人

明

巡檢司一人 洪武三年汰知縣設本職

知縣一人 洪武十四年汰巡檢仍設本職

縣丞一人 隆慶元年汰

主簿一人 嘉靖七年汰

典史一人

明代屬職祇見成化三年十都下濟化成寺鐘銘僧會司僧會一人，餘無考。

清

知縣一人

典史一人

吏戶禮刑司吏各一人。典史各一人。

兵工司吏各一人。鋪長承發典吏各一人。

庫書一人。倉書一人。

屬職

學吏一人。

醫學訓科一人。陰陽學訓術一人。

農員一人雍正二年設。僧會司僧會一人。

道會司道會一人以上五人俱准邑人補校。

學官

宋

教授一人舊志失載今從温州平陽縣志孔暘傳補。

元

教諭一人舊志未到今補。

明

教諭一人

佐訓導二人隨沭一人。

清

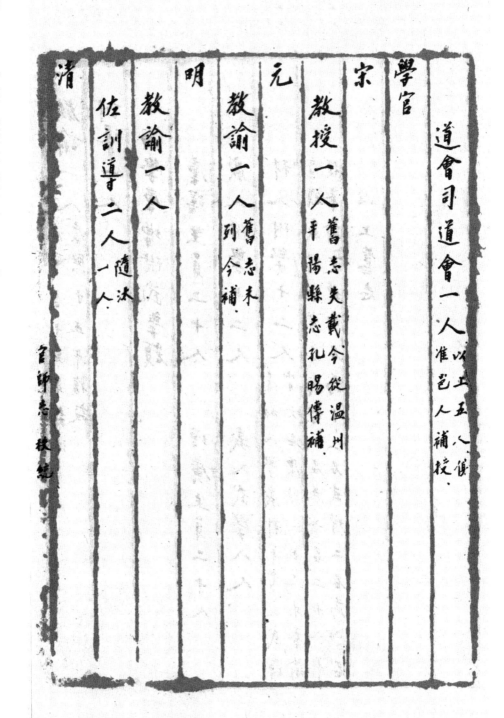

官師志 秩統

教諭一人清同治十七年裁汰康熙十五年復設

訓導一人

兩學廩增附武學額

廩膳生員二十人　增廣生員二十人

歲入附學十二人　歲入武學八人

科入附學十二人清初入學歲科并考文武額皆六名康熙二十三年奉諭廣額歲科分考文武增二名為八名二十八年復奉諭文增四名為十二名武增二名為八名

以上舊志

黃帝紀元四千六百零九年

民事長一人光復後改知縣稱本職　參事一人

中華民國縣官

行政部份

知事一人兼警察所長　參事一人三年裁　承審員一人元年為執法科員二年設審檢所改為幫審員四年審檢所裁撤改幫審員為承審員五年再設改承審員為專審員六年復裁設今職

內務主任一人元年為政務科長二年改為第一科長三年改稱內務主任

內務助理一人元年為政務科員二年改為第一科員三年改稱內務助理

財政主任一人元年為財政科長二年改為第二科長三年改稱財政主任

財政助理一人元年爲財政科員二年改爲第二科員三年改稱財政助理

教育主任一人元年爲教育科長二年改爲第三科長三年改稱教育主任

收發一人　庶務一人

一等書記一人　二等書記二人

三等書記三人　徵收主任一人

徵收員十四人　公役無定額

學務委員一人

自治委員二人

習業所所長一人

勸學所所長一人

屬職

司法部份

管獄員一人元年為司獄員二年改稱今職
一等書記一人　二等書記一人
檢驗吏一人　承發吏二人
法警十人　禁卒四人

警務部份

警佐一人
警長二人　書記一人
警察十八人
警備隊哨官一人向駐龍泉〻年移駐慶元
哨長一人　書記一人
什長四人　隊兵三十六人
以上舊采訪

十六年縣官
縣長一人改知事稱今職　承審員一人仍舊

秘書一人　第一科長一人即民治科

第二科長一人即總務科由秘書兼任

財政科長一人　建設科長一人

各科科員八人　事務員三人

書記五人　徵收主任一人

徵收員十四人　公役五人

送達工人六人

屬職

司法部份

管獄員一人

書記一人　錄事一人

檢驗吏一人　承發吏一人

法警三人　看守四人

警務部份

公安局長一人 四年由縣知事兼任所長置警佐一員十年警佐改稱所長十八年改所長稱令職二十年復奉令改組分科辦事添設科員二人巡官一人警察一棚並於竹口蒲潭二處各設派出所　以上舊采訪

官師志 表

縣官表

宋

	令	丞	主簿	尉
寧宗慶元	富嘉謀 三年任，入名宦，有傳	無考	無考	無考

案：慶元三年胡紘奏請以所居松源鄉立縣，始設嘉謀銜詔命佩縣印來慶經始，是與京朝幕職不同，故稱令。

元

	達魯花赤名監縣	丞	主簿	尉
成宗大德	亦都散大德年任。宋府志作亦都散。	無考	無考	無考
	于榮八年任。			
文宗天曆	孔屼字天璧，號秀夫，溫州平陽人。二年任。舊志失載，據其子孔暘記十都下濟化成寺碑。及平陽縣志人物孔暘傳補。			
順帝至正	馮義元年任。			
	孔暘字子升，溫州平陽進士。九年任。			

宋平陽縣志人物孔暘傳、暘登至正元年鄉榜、明年第進士、授衢州錄事、九年調處州路慶元縣尹、任慶元時、記十都下濟化成寺碑、下款自署從仕郎、處州路慶元縣尹、兼勸農事、舊志失載、茲據平陽縣志、及暘所記化成寺碑、補碑文載金石志、傳載治行、

師志 表 縣官

以下年代無考

張廷瑞

張榮

案舊志元代主簿祇載兩人，年代均無考，茲惟照舊彙列。

明

巡檢司

太祖洪武三年，沐知縣設，仍屬龍泉。

知縣	縣丞	主簿	典史

十四年，沐巡檢復置縣。

董文本十四年任，有傳。　魏明德十四年任，有傳。　劉茂洪武年間任，有傳。　李彥魯洪武年

曾壽十八年任，入名宦，有傳。　傅俊貴池人。　陳節。　胡暹。

唐仕　羅穰吉水人　林顯福清人　陳喬壽莆田人

余源清二十三年任　韓繡江津人　王函　汪贄舒城人

李仲仁二十七年任　吴華灌陽人　漆蘭　王懷當塗人　以上四人年任俱失依舊

胡淑儀三十一年任　阮廷貴永州人　胡爾玉歙縣人　次列李彥魯後

以上五人年任俱失依舊志次列魏明德後　汪源樂平人　以上六人年任俱失依舊志次列劉茂後至嘉靖七年此職裁

仁宗洪熙　羅仕勉元年任有傳

程義和

張朝莆田人

英宗正統　鄭昱正統年間任舊志列在

張宣之後，今從府志改正。

景宗景泰　張宣青神人，監生，四年任，有傳。　周顥高平人，景泰年。　許韶宜黃人，景泰年。

張明金堂人。　傅恭　郭仙一仙遊人、

趙貞　方希勝　蕭印番禺人

憲宗成化　余康莆田人，進士，成化年間任。　王廷相吳縣人，成化年任，有傳。　詹漢弋陽人

案府志作廷相

黃道　蘇相南海人　以上三人年任俱失，依舊次列許韶後。

周杲華亭人，進士

孝宗弘治　沈鶴華亭人，進士，弘治年間任。　周憲江西餘干人，弘治年。　林薇貴池人，弘治年。

魏程建昌人　郭珊建平人

武宗正德　何鰲順德人，進士，三年任，擢監察御史，有傳。　鄭紹銓上杭人，正德年。

劉正雲南嵩明人。

馮恩泗州衛人。

鄭應文順德人。

李惟眞太倉州人，七年任，有傳。

陸元舉臨川人。

鄭舉閩縣人。

世宗嘉靖　陳彌正南昌人，十一年任，有傳。　徐辦淮衛人，嘉靖年。　余鳳潁川人，嘉靖年。

程紹頤太湖人，監生，十一年署任。　嚴容丹徒人。　林鈘莆田人。

陳元峽江人，十六年任，有傳。　何子眞華亭人。　陳蘭秀南昌人。

官師志表　縣學官

陳澤 南海舉人。二十四年任，推南直監察御史，有傳。
邢夢珂 高淳人。二十八年任。
羅見麟 番禺舉人。三十一年任。
陳文靜 莆田舉人。三十三年任。
馬汝藩 莆田舉人。三十九年任，傳。
周紳 績溪人。四十二年任。由本州通判署任，萬曆府志補。
張應亮 高淳舉人。四十二年任。
一

陳 晧 揚州人。
陳 敷 弋陽人。
上 瑞 山東人。
黃德興 晉江人。
范學顏 靖江人。
程 默 宿松人。
以上八人年任俱失，參舊白次列徐辨後。
以後至隆慶元年此職裁。

熊 秦 南昌人。
曾朝偉 豐城人。
楊世隆 當塗人。
王 樸 懷安人。
陳子寅 石埭人。
孟 迪 徐州人。
黃仁先 臨川人。
徐行道 豐城人。
王國久 霍邱人。
王 宷 丹徒人。

余一治 大田人。

蘇仁燮 石埭人。

謝惟顯 信豐人。

汪雲鳳 舒城人。

陳紀 安遠人。

王國才 樂平人。

李志達 懷遠人。

周光範 上饒人。

張春芳 寧化人。

舒啟英 婺源人。

官師志表 縣官

李廷芝 高安人。

楊復聖 婺源人。

游士愷 富陽人。

李用行 程鄉人。

鄭繼先 南城人。

沈世永 石埭人。

方從康 莆田人。

以上二十九人年任俱失，依舊次列余鳳後。

穆宗隆慶

彭适 溧陽人，監生，元年任。

朱第 黔江人，監生，三年任，有傳。

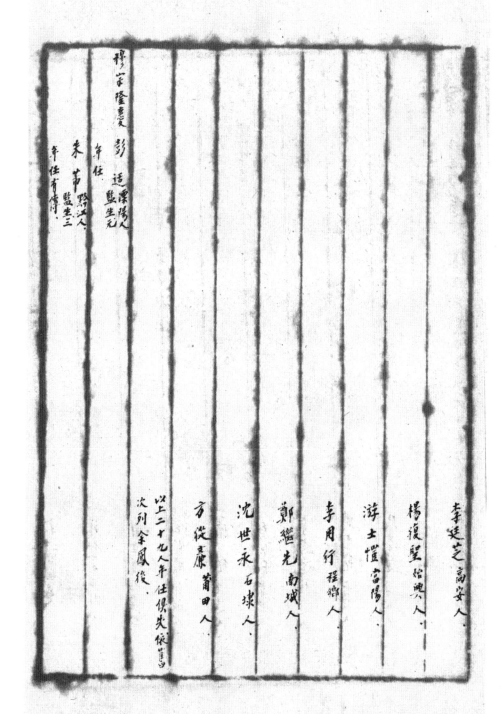

神宗萬曆

勞銘彝 懷集舉人，元年任，有傳。

沈維龍 南安舉人，二年任，入名宦，有傳。

陳九功 南昌舉人，七年任，有傳。

史著勳 桂林舉人，九年任。

黃文明 懷寧選貢，十二年任。

詹秉龍 永寧人，選貢，十四年任。

周道長 成都人，選貢，十八年任，有傳。

鄧建邦 全州舉人，二十年任，有傳。

李寶 朝陽人，歲貢，二十五年任，有傳。

熊懋官 石城舉人，二十八年任，有傳。

官師志 縣官

	沈正敬，溧水人，三十年任，有傳。
	張[illegible]，[illegible]人，溧[illegible]，三十二年任，有傳。
	陳鍾璟，[illegible]舉人，三十四年任。
	潘學孟，六安州人，三十八年任。
	郭汝美，萬安舉人，四十一年任。
	汪[illegible]志，歙縣舉人，四十五年任。
	馮大受，華亭舉人，四十八年任。
熹宗天啓	樊鑑，歸州人，三年任，有傳。
	王士焜，[illegible]仁人，六年任。
思宗崇禎	陳[illegible]璧，連江人，三年任。

趙璧 太湖舉人，六年任。

楊芝瑞 當塗舉人，十三年任，入名宦，有傳。

陰佑宗 内江舉人，十七年任。

曹壽 舊白志失載，查照府志補。

官師志

屬職表

學吏舊志祇載其職未詳設置年代、

醫學唐太宗貞觀三年置博士助教各一人掌療民疾後廢宋復置元因之明設訓科一人、清仍之、新纂

陰陽學元置明設訓術科一人清因之、新纂

農員舊志清雍正二年設、

僧正始自吳越宋因之元改爲僧錄司明設僧會司僧會一人清、、之、新纂

道錄司元置明設道會司道會一人清仍之新纂

舊志秩統僅列舉屬職名，項所有各職姓名俱無可考。惟明代ㄏ、新采訪十都下濟化歲寺鐘銘下款署有僧會一人，兹為補錄如下。

明

僧會司僧會

憲宗成化 海淵 三年 曾會○補

宋化成寺鐘銘成化丁亥十二月十五日鑄造。考成化丁亥為明憲宗成化三年，是海淵當為是時僧會，故據化成寺鐘銘補。

官師志 表

縣官表

清

知縣

世祖順治　李肇勲　山東章邱舉人二年任。

謝士登　南昌人五年任。

鄭國位　遼東人生員七年任有傳。

石巽垣　清苑舉人十二年任。府志祇名垣缺巽字。

王之垣　絳縣人歲貢十六年任有傳。

高崍　陝西寶雞人選貢十七年任有傳。

典史

羅賢匡　順治年

潛起龍　南昌人。

張文瑋　會稽人。

侯正官　陝西人。

胡應泰　吏目大興人。

田嘉修志十八年 案舊志僅於雜考載田嘉修襍志事而師志遺落其名氏未載今補惟何縣人無考

聖祖康熙

程〻 〻北蘄水舉人，三年任，有傳。　喬孔衍 富平人，康熙年。

李表繡 直隸新安舉人，十五年任，有傳。　張令名 山西人。

羅異秀 陝西人，貢生，十七年任。　馮燦 山西人。

梁允桓 真定人，拔貢，二十五年任。　毛冕 燕湖人。

李文英 正黃旗監生，三十二年任。　高托 無極人。

李容之 山東人，貢生，三十七年任。　楊維儀 江南人。

薛裔昌 兗州人，進士，五十五年署任。　張文錦 直隸人。

王關泰 湖廣人，進士，五十五年任。　朱 無貫 江南人。

李飛鯤 江南人，進士，五十七年任。　孫棟 河南人。

于樹範 金壇人。

世宗雍正

李廷宋　四川人，進士，七年任。

徐羲麟　正白旗舉人，八年任。

程煜　樂平人。

高宗乾隆

郭從善　山東舉人，三年任。

鄒儒　樂平人，拔貢，六年任，有傳。

蔣溥　長洲人，例監。

裴世賢　渭陽人。

王者祿　無錫人，進士，十八年任。

黃廷　鄧州人，拔貢。

郭梁　山東舉人，九年任。

朱懋文　宛平人，乾隆年。

張振芳　繁峙人。

梁森　府經廳署。

陳謙　大興人。

陳子佳　揭陽人，縣丞署。

劉捷三　昌樂人。

徐信。

蔣潤 原名溥，十年復署。
鄒景椿 武進人。

鄧洸 瀘溪人，進士，十一年任。
都會 桐城人。

孫宸輔 青齊人，十二年署。
董敦禮 黃平人，吏目。

景皋 安邑舉人。
林闓 署

羅岳珪 晉江人，進士，十九年任，有傳。
楊毓麟

李化 永城人，副榜。
馬光煒 懷寧人，署。

陳春芳 鄭州舉人，二十二年任。
達克勤 大興人。

興福 鑲黃旗人。
曾廷棟 主簿署。

梁璧校 平陸人，進士，二十五年任。

多澤厚 阜城舉人，二十七年署，有傳。

張　儼　蓬萊舉人，二十八年任。

張天相　陽武舉人。

李　苐　三原人，進士，三十二年任，有傳。

張力行　湘潭人，署。

嚴　灝　署。

唐若瀛　陝西三原舉人，三十六年任，有傳。

熊　珍　宛平舉人，三十八年任。

孟毓楷　長洲人，署。

楊　燕　嘉應州人，署。

董　相　漢軍鑲白[illegible]舉人，四十年任，有傳。

徐傳一 崑山人，附貢，四十二年任。

裴述一 又曲沃人，署。

吴　越 長洲人，四十二年任。

陶淳淦 長沙人，四十五年署。

王　恒 遵義舉人，四十六年任。

朱鍾麒 貴州人，進士，署，有傳。

趙　域 文水舉人，五十年任。

莫景瑞 定安舉人，五十一年任，有傳。舊志爲安定，今改正。

徐傳一 復署。

張玉田 涿州舉人，五十四年任。

李寶型 東光舉人，五十六年任。

戈廷楠 獻縣人，五十九年任。

仁宗嘉慶

魏夔龍 德州舉人，元年任。　宋宗海 大興人，嘉慶元年。

張 震 清泉舉人，三年任。　魯洪欽 新城人。

關學優 順德舉人，四年任。

黃友穀 長沙解元，七年任。

葉萬楷 九年署。　張為桐 九年八月任。舊白志失載，照府志補。

劉種桃 彭澤拔貢，十年署。　武廷杰 大興人。

吳 沆 山西進士，十二年署，卒於任。

彭志傑 湖北舉人，十四年署。

職志表 縣官

黎葆醇　南昌進士，十四年署，有傳。

鳴　山　正白旗人，生員，十五年任，有傳。

呂　瓚　廣西永福進士，十八年任，有傳。

沈尚恩　宛平人，十九年署。

譚正坤　南雄州拔貢，十九年任。

沈尚恩　復署。

孫榮績　四川舉人，二十三年任。　李揚清　二十四年十二月任，舊志失載，照府志補。

宣宗道光

崔　進　安徽人，元年署。　黃鳴鼓　嘉應州人，元年署。

樂　韶　雲南普洱舉人，二年署，有傳。　張廷奇　濟南人，二年署。

黃　煥　雷州拔貢，三年任，有傳。　宋清安　湖北人，三年任。

以上三人舊志失載，照府志補。

朱瀚 常州人，九年署。

陳文治 雲南寧人，九年任。

吳綸彰 肇慶貢生，十年任。

湯金策 河南舉人，十六年任。

鄭堂 浦城人。

陳若椿 江蘇人。

胡庚吉 江蘇人。

牛晟 大興人。

張學廣 湖南人。

潘周銓 安徽人。

程尚烈 安徽人。

馮光周 湖北人，十六年署。府志為十五年署。

沈仁 江蘇人，十七年署。府志為十六年署。

王九如 十七年署。

官師志表 縣官

沈中 奉天進士，十八年任。

余枚 大興人，十七年署。

張承炳 四川人，十八年六月代理。

唐勤 江蘇人，十八年署。

楊炳奎 陝西舉人，十八年署。

宋琛 直隸舉人，十九年任。

江承訓 江西人，十九年任。

蔣兆駱 江蘇人，二十三年代。

程慶森 四川墊江縣舉人，二十四年署。

葉翔 安徽桐城人，二十五年代。

孟光裕 陝西人，二十五年代。

夏丕基 江蘇人，二十五年署。府志作丕其。案夏丕基舊白志列在武廷杰後，茲照府志改正。

江承訓 二十五年十月回任。

馮　格　山西代州人，二十六年署。

黃汝梅　山西平定進士，二十七年署。

鳳　柃　滿洲鑲紅旗進士，二十八年任，有傳。

黃敬忠　廣東人，二十八年代。

吳　英　常州人，二十八年署。

沈際樹　大興人，二十九年任。

胡貞泰　安徽人，三十年任。案府志爲署。

咸豐以下據采訪咸豐志補

陳鳳桐　山東人，元年原龍泉縣丞兼理。

文宗咸豐

英　璐　溫州府通判，二年代。

張炳鍾　大興人，二年署。

李家鵬　山西翼城舉人，二年署，有傳。

葉　嘉　吳縣人，二年任。

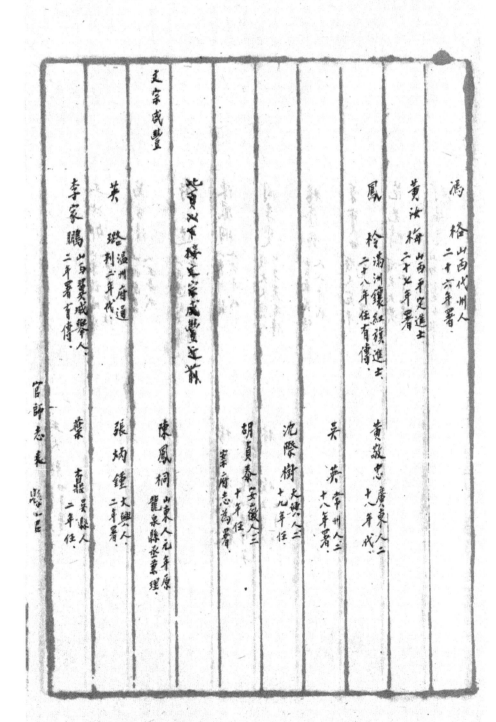

王大乾 宛平人，四年署。

王汝郁 山東諸城舉人，五年署、有任。

萬方清 江西南昌人，五年代。

舒達 江西進賢舉人，五年署、有傳。

陳鳳桐 山東濰縣人，六年代。

楊時和 宛平人，六年署。府志作楊和、鈇時字。

周李燮 順天大興人，七年署、有傳。

林俊 大興人，七年任。

楊蔭鈞 雲南昆明人，八年代。

葉寶田 順天宛平人，九年署。

范先疇 順天大興人，九年署。

何福恩 山西靈石舉人，九年任。

穆宗同治

莊慎樞 字子東，常州人，二年署。

吳定保 江西餘干人，三年代。

曹　慧 長沙人，三年任。

程國鈞 安徽歙縣人，三年署，有傳。

陳永同寬 廣東四會舉人，三年任，有傳。案：陳同寬傳舊志未載，今據府志補。

劉瀚沅 雖德人，四年代。

蔡　烜 江蘇吳縣人，四年署，有傳。

金作礪 吳江人，四年署。

呂懋榮 江蘇陽湖人，五年署，有傳。

汪時慰 安徽人，五年署。

劉　濬 祖籍江蘇武進，大興人，廩貢，七年署，有傳。

戴自川 鎮江人，七年任。

彭潤章 貴州黃平進士，八年署，有傳。

丁　珣 天津人，八年任。

汪　栻 安徽懷寧人，九年署，有傳。

林步瀛 福建永福進士，十年任。

[illegible]縣志表 [illegible]

陳同恩 江西新城人，十一年署。

林士瀛 十三年復任。

德宗光緒

呂肇正 江蘇人，元年署。

左化虎 四川人，元年任。

史恩緯 順天宛平人，二年七月署。

以上依舊志彙列

陳光輝 三年署

梁安甸 廣東信宜舉人，四年任，有傳。

吳煥章 江蘇人，四年署。

余植亨 古田人，七年任。

沈懋嘉 江蘇武進舉人，八年署，有傳。

申祜 漢軍正白旗監生，九年任。

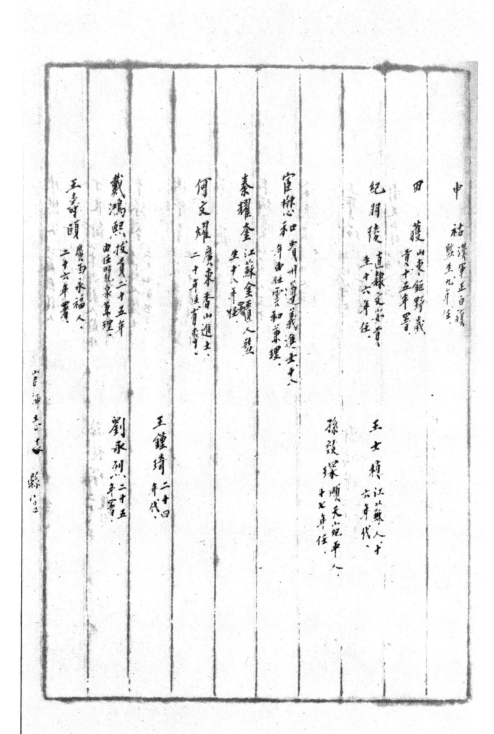

田護 山東鉅野歲貢，十五年署。

紀朋陵 直隸文安貢生，十六年任。

王士楨 江蘇人，十六年代。

孫毅璨 順天宛平人，十七年任。

宜懋和 貴州遵義進士，十八年由任雲和兼理。

秦耀奎 江蘇金匱人，監生，十八年任。

何文耀 廣東香山進士，二十年任，有傳。

王鍾琦 二十四年代。

戴鴻熙 拔貢，二十五年由任龍泉兼理。

劉永烈 二十五年署。

王壽頤 廣西永福人，二十六年署。

宣統志 縣治

陳懋沃 江蘇無錫人。二十七年署。

丁良翰 山東濰縣人，翰林。二十八年署，有傳。

孫毅琛 二十八年復任。

曹緣春 江蘇人，監生。二十九年署。

湯贊清 江蘇武進人，監生。三十年任。

吳　嶔 河南人。三十一年署。

朱炳慶 江蘇人。三十二年代理。

涂道康 湖北人。三十二年署。

王寶璜 湖北人，進士。三十三年署。

衛鴻模 三十三年署。

衛天爵 山西人。三十四年任。

宣統

瞿志榮 元年署。

王慶芝 江蘇常熟人二年署有傳

汪濂 江蘇人二年代理

譚嘉玉 湖南人二年署三年九月光復改爲民事長

案是年辛亥九月二十四日奉浙江都督電省城光復改年號爲黄帝四千六百零九年其月日循舊飭各縣城鎮鄉自治會開會選舉民事長公推知縣譚嘉玉爲民事長至十月十五日處州軍政分府派員率光復軍抵慶弔銷前清縣印暫用私章十一月初九日由軍政分府頒到木質印一顆文曰慶元縣民事長之印八字十三日啟用陽曆即中華民國元年一月一日改民事長爲知事撥頒木質印一顆文曰慶元縣知事印六字

以上十人據民國八年采訪彙列

典史缺裁

民政長改知縣行本職

黃帝四千六百零九年譚嘉玉繼任民國元年民事長改為縣知事

中華民國

縣知事改民事長稱本職

呂鏡儲 縉雲人元年五月任

張之傑 雲和人元年七月任

毛雲鵠 江山人京師大學畢業年八月任

張國威 江蘇無錫人四年九月任

蔣濤 湖南人元年任

執法員 幫審員 承審員

周昶 雲和人元年七月任

以上二人執法員

陳寅亮 蕭山人二年五月任

王紹商 二年十二月任

以上二人幫審員

洪容舟 天台人三年十二月任初為幫審員後改承審員

江宗濂 安徽旌德人 六年九月任

狄紹青 紹興人 八年任

袁際鳳 直隸清苑人九年六月一日署

程文楷 江蘇儀徵人 十一年任

劉光鼐 山東人十二年五月二十一日署

吴達祥 字善卿本縣人拔貢十三年八月代

劉光鼐 十三年又署

樓之成 縉雲人五年任是年改承審員為專審員

周作楨 六年任是年秋裁汰專審員仍稱承審員

包振鏞 杭縣人

呂 冕 嵊縣人十一年五月任

包振鏞 杭縣人

袁蔭翹 十二年七月任

魏 唐 紹興人十二年十月任

吴載基 湖南長沙人

官師志表 縣官

張六德 湖南湘鄉人 四年署

十六年改縣知事稱縣長

縣長

周鼎 麗水人北京大學畢業十六年署

黃士杰 松陽人國立法政大學畢業十六年八月十日署

朱仲銘 溫州平陽人十六年任

韋綬堂 杭縣人十七年任

季觀周 龍泉人十八年任

張時坦 浦江人十九年六月任

官師志表

屬職表

中華民國

司獄員	備考
林壬 永嘉人元年五月任	
鄭楷模 二年四月任	
翁啟渭 天台人二年八月任	

管獄員	民國元年為司獄員三年改稱今職 舊未設
胡廷齡 湖南人四年六月任	
陳顯榮 八年九月任	

46

蔣彬　金華人，九年三月任　曹大呂未到前韓令代理

鄭堯　臨海人，十四年任

洪錦麟　溫州人，十七年任

熊啟周　衢州人，十九年任

伍振文　瑞安人，二十一年任

官師志表

屬職表

清

巡官　　備考

宣統　周濂　青田人元年任　　案是年設立巡警總局置巡官一員

警務長

尚晟　字醒石樂清人三年任　　案是年巡警總局改爲警務長公所巡官改稱警務長

中華民國

署長

張[illegible]　[illegible]平人元年任　　案是年警務長公所改爲警察署警務長改稱署長

官師志表　屬職

所長

王若欽 縉雲人 二年任

案是年警察署改爲警察事務所署長改稱所長

魏立身 紹興人 三年任

警佐

龐鳴盛 黄巖人 四年任

案是年警察事務所改爲警察所所長由縣知事兼任置警佐一員

鄭祖康 麗水人 九年任

所長

馮惠安 雲南人 十年任

案是年警佐改稱所長

王振夏 黄巖人十二年又月到任

劉旭東 青田人十二年十一月到任

	林柔遠 台州人十二年任	
	陳錦波 十三年任	案是年八月陳錦波卸事，由縣公署派本縣人吳英暫代，未久吳英冬去
	吳芳聲 本縣人十三年十一月奉省令委代	續由縣公署再派本縣人吳芳聲代
	詹渭淦 衢縣人十三年十二月到任	
	局長	
	陳紹亮 麗水人十六年任	案是年警察所改為警察局，所長改稱局長
	王德猷 十七年任	十八年四月王德猷卸任去，是月十一由縣政府派科員楊丁元暫代
	局長	
	羅正履 青田人十八年五月二十一日到任	案是年五月一日奉令警察所改為公安局，所長改稱局長，添設佐理員一人，同月奉令改稱縣政府公安局

官師志、表屬職

二十年奉　令改組分科辦事添設科員二人巡官一人警察一棚並於竹口蒲潭二處各設派出所

鍾駿元字介白上虞人二十年十二月到任

二十一年三月鍾駿元奉　令調省四日交卸由縣政府派建設科長童汝淦代

邵　俊字　諸暨人二十一年四月四日到任

官師志表

學官表

宋

度宗咸淳年

教授

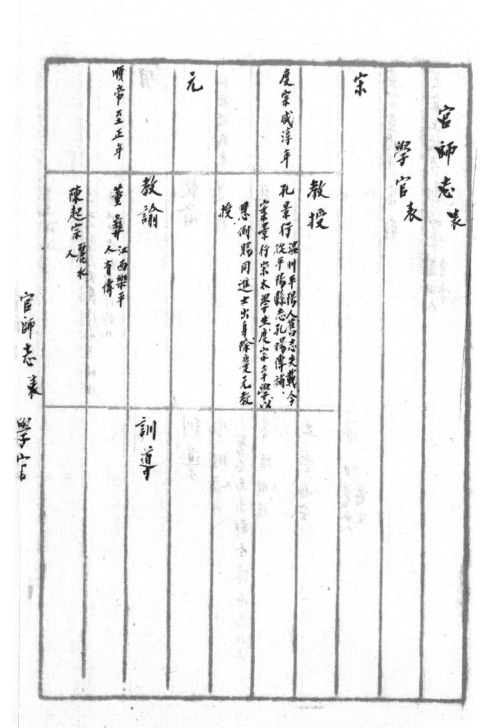

孔景行 温州平陽人舊志失載今從平陽縣志孔暘傳補、

案景行宋太學生度宗咸淳十年舉學以恩例賜同進士出身除慶元教授

元

順帝至正年

教諭

董華 江西樂平人有傳

陳起宗 麗水人

訓導

官師志表 學官

葉天祺 松陽人

以上二人舊志失載，據府志補。惟年任無考，故彙列於此。

明

太祖洪武年

教諭

夏禮

張達

訓導

楊弼 高郵人 舊志爲高都，今據府志改正。

吳經 順德人

王參 福安人

潘初 麗水人 貢生

宣宗宣德年 宋觀

英宗正統年 鄭師陳 莆田人 有傳。

	謝文禮 將樂人	
	汪澄 懷安人	
	陳紫薇 案府志作紫微	
景宗景泰年		沈濟 舊志列在正德年茲據府志改正
		林梓 海豐人
		黃廉 南安人
		王奎
憲宗成化年	邢瓛 當塗人	吳騏 南平人
		朱鎮 宜春人
孝宗弘治年		李彪 餘干人

		楊　賢南城人
		劉廣珠潮陽人
		唐耶用侯官人
武宗正德年		李文魁古田人有傳　舊志府志李文魁列在沈清之前，今茲依正德年分順次改列於此。
世宗嘉靖年	孫繼祖聊城人	李　輅兗州人
	留　倫晉江人	范繼隆大田人
	吳　瑞鄱陽舉人	林一桂閩縣人
	朱　陳上元人	尤　琢無錫人
	方　樸鉛山舉人	陳雲騰大田人

官師志表 學官

	謝應奎湖口人	吳從周邵武人有傳
穆宗隆慶年	王國相晉江舉人有傳	劉安荊州人
	薛廷寵惠安舉人	方一梧莆田人
神宗萬曆年	顧翼高上海人	余世貴連江人
	毛存奎湖北松滋人有傳	車錡將樂人
	曾守唯清流人	周仝萬載人
	徐顯臣永康舉人	龐熙廣西人
	徐文吳縣人	胡鳳陽榮縣人
	謝承聘於潛人	謝子蕙建德人
	韓仕明光化人	柳鳳儀建德人

吳逢堯餘干人	駱問學諸暨人
張　華博羅舉人	徐應來蘭溪人
葉文懋龍游舉人	方應卿吉安人
葉文弼都昌人	孫祉遠豐縣人
楊開先商河人	侯　綬德清人
葉中理德化人	鄭　重西安人
余沛然建德人	
周　淳蕪湖人	
夏舜臣建德人	
高士選德清舉人	

胡若宏 湖廣舉人
沈明時 新城人
王至道 汀州人
錢永憲 杭州人府志失載
余璋 平陽人
徐應亨 蘭溪舉人有傳
鄔承莘 寧海人
徐鶴朋 海鹽人
胡寅賓 湖州人
林永春 泰順人

熹宗天啟年		夏紹元 當塗人
思宗崇禎年		賈應忠 清州人
		林如周 侯官人
		譚自勝 湖南茶陵人
		鄺健齡 山東人
		酈用賢 諸暨人
		趙士蔚 貴州人
清		
	教諭	訓導
世祖順治年	朱化熙 遼東人	黃光緒 寧海人 歲貢

	駱起明 諸暨舉人後陞知縣有傳。	周廷俊 諸暨人。
	張晉 餘姚舉人有傳。	
	順治十七年教諭裁汰止設訓導一員康熙十五年復設 教諭訓導各一員。	
聖祖康熙年	馬青 會稽舉人。	周之翰 新城人。
	屠樹聲 仁和人貢生。	臧光朝 金華人歲貢。
	陳灝 會稽舉人。	葉榮 龍游人歲貢。
	徐景瀚 餘姚人拔貢。	周于德 武義人歲貢。
	胡琦 臨安舉人後陞知縣。	婁茂澄 仙居人歲貢。
	史紹武 仁和人貢生。	邵飈言 上虞人貢生。
	戴志遠 溫州人拔貢。	高文煌 山陰人貢生。

魯士　會稽人　貢生

曹源郁　嘉興人　副榜

唐虞際　海鹽人　貢生

世宗雍正年

孫之騄　仁和人　貢生　五年任　有傳　舊志未載年任今據新采訪建八都橋記補

萬弈煒　武康人　貢生

范光曦　寧波人　署

葉士超　金華人

徐岩坦　臨安人　拔貢

范其揆　寧波人

吳匡經　仁和人　副榜

高宗乾隆年

吳超　山陰人　副榜

俞樹鍭　臨安人

駱承運　臨安人　署

許青虬　平陽人

王應辛　山陰人　副榜

林永芳　永嘉人

汪本乾　淳安人　廩貢

徐天秩　淳安人

	沈光厚歸安舉人署	潘煌煋署
	孫源烏程舉人有傳	詹一城常山人
	徐世壽杭州舉人署	談企曾署
	丁葵會稽舉人	孫榮定海人
	顧一清海鹽舉人署	徐時泉東陽舉人
	王炳金華舉人	周紹洙仁和舉人署
	葉德風寧波人副榜署	莊峙峨鎮海舉人有傳
	楊保樑山陰舉人	崔懋雋歸安人廩貢署
	程璟昌化人貢生署	俞派錢塘舉人
	錢廷錦紹興人副榜有傳	葉邁倫金華人廩貢生署

官師志表　學官

王日華 東陽人拔貢署

程玉麟 淳安舉人

章觀嶽 瑞安人拔貢有傳

程瑔 復署訓導

徐藻 海鹽歲貢

王鋑 鄞縣人廩貢署

仁宗嘉慶

胡曾肇 德清舉人元年任有傳

舊志年任失載據府志補

吳溶 錢塘舉人六年任

葛一覃 慈溪廩貢六年署

吳江 建德舉人七年任

以上二人舊志年任失載據府志補

王壇 山陰舉人七年任有傳

林廷翰 七年七月署

王景沂 十二年十月署

以上二人舊志失載據府志補

朱鋼 寧波舉人十三年任有傳

舊志年任失載據府志補

周溶 十八年五月任 舊志失載據府志補

吳鐵 象山廩貢 十八年署

鄭之良 永嘉拔貢 十九年任有傳

孫同元 仁和廩貢 二十二年署

王映辰 淳安廩貢 二十三年署

陸泰交 字茹連 歸安舉人 二十三年任有傳

林大經 寧波舉人 二十三年任有傳 以上四人舊志年任失載據府志補

查世瑛 嘉興舉人有傳

馮春潮 紹興舉人有傳

俞鍠 紹興廩貢 二十五年署 以上六人舊志年任失載據府志補

宣宗道光

孫仁耑 仁和廩生

許心坦 仁和舉人 元年任 舊志年任失載據府志補

許惟權 松陽教諭兼攝

趙貽孫 蘭溪舉人

詹世鏞 衢州廩貢

徐球 蘭溪廩貢

沈鏡源 湖州舉人

倪始湧 會稽廩貢

呂榮華 嘉善舉人十四年任有傳

羅張揆 烏程舉人

王　勉 蕭山舉人有傳

沈錫疇 烏程舉人

沈俊發 湖州貢生

王煥然 餘杭廩貢

濮　鑽 嘉興副貢

錢嗣濂 象山歲貢

洪時濟 遂安廩貢

章　復 會稽舉人十七年任

鄭榮美 遂安廪貢 二十四年署

郭聞政 金華舉人 二十五年任

沈樹蘭 錢塘舉人 二十八年署

陳敦 歸安廪貢 二十八年署

范鐖 鄞縣舉人 二十九年任

洪禹鈞 慈溪舉人 三十年署

文宗咸豐

朱元佑 海寧拔貢 元年任 有傳

姚成濟 仁和舉人 四年署

邵墱 餘姚舉人 五年任

胡珽 錢塘舉人 龍泉訓導 五年兼代

洪禹鈞 慈溪舉人 六年署

姚韞鋙　仁和舉人，七年任，兼理教諭。

穆宗同治

孔憲采　桐鄉廪貢，元年署，有傳。

吳景熙　臨安廪貢，元年署。

謝采　上虞舉人，三年任，兼教諭。

馬斯臧　會稽廪貢，四年任。

徐鳴盛　常山廪貢，五年署。

潘福恩　玉環增貢，六年署。

施鑾封　烏程歲貢，七年署，有傳。

李國華　臨海增貢，八年署。

韓錦濤　字百川，蕭山舉人，九年任。

曾鴻昌　瑞安附貢，九年代。

官師志表 學官

	王啟忠 鄞縣附貢 九年署	丁恭壽 嘉興附貢 十年署
	韓錦濤 十年七月復任	許秉常 富陽舉人 十年任
	曾鴻昌 十二年十一月復代兼理訓導	
	張心穀 建德歲貢 十三年六月署	龐雲驤 玉環廩貢 十三年署
	韓錦濤 十三年七月回任	
德宗光緒		高鳳藻 烏程附貢 二年署
		以上依舊志案列
	高鳳藻 三年兼理教諭 據舊采訪補	李宗蓮 字廿欽 歸安廩貢 三年六月署任
		湯以孚 蕭山廩貢 四年署

蔣錦瀾 山陰舉人五年署。

陸壽民 山陰舉人六年任有傳。

鄔載熙 寧海廩貢六年署。

林和 太平歲貢孝廉方正七年署。

陳宗遨 永嘉廩貢八年署。

吳有綸 杭州優貢九年任。

陸壽民 十年兼理

徐志芬 鄞縣舉人十年署

吳鳳葆 錢塘廩貢十一年署

王夢蘭 天台廩貢十三年署

黃幾增 浦江廩貢、十四年署

官師志表 學官

		沈鏡蓉 會稽舉人十五年任有傳
	黃䉪增 十六年代	徐士騏 湖州德清舉人十七年代理
	陸壽民 十六年會試後回任、	鈕福安 十八年代理、
	鈕福安 歸安副貢十八年稟由松陽兼理	沈鏡蓉 十八年會試後回任、
	陸壽民 十八年會試後回任	陸壽民 二十一年兼理
		沈鏡蓉 二十一年會試後回任
		鄭安允 西安廩貢二十八年任、
		楊雨時 新昌貢生三十三年署
		齊毓川 太平副貢三十四年由處州府訓導兼理、

宣統

嚴漢清　建德廩貢　元年署

治行 附

召父杜母史稱循良以其利澤在人也吏治茂則循聲著桐鄉去後之思口碑猶存奚可無傳也前事不忘庶幾後事之師謹書之以備考焉

宋令

富嘉謀襄惠寬仁清慎平簡慶元三年以松源鄉立縣受符涖任始辟衙衢營公署立學校建壇壝一切制度皆其創舉不期年而就民無勞

祀名宦

孔暘二字比首行元字低一格，以恩……以下字比第二行孔暘……又低一格，餘悉仿此。

排鄭守元

元

孔暘，字子升，平仲集孔公墓誌銘曾祖景行，宋太學生，度宗幸學以恩例賜同進士出身，除慶元教授，主管禮兵兩部架閣文字墓誌。祖士璘，字玉卿舊志經籍。父安，字孟卿舊志貤贈、元嘉永教諭墓誌，著有四書講義若干卷舊志經籍。父岊，字天璧舊志宦業，岊號秀夫萬姓統譜，用翰林院國史編修官鄭陶孫薦，歷永新學正、龍溪書院山長、江州教授、湖口主簿，慶元、會稽兩縣尹墓誌。所至均賦役，抑豪強，人稱神明萬姓統譜。遷松江通判致仕。暘自幼篤志於學，警悟強記，絶人，諸經史百氏之書罔不賅貫。元統中，以衍聖公思晦舉，署永嘉書

官師志　治行

院山長未上登至正元年鄉榜明年第進士授衢州錄事九年調處州路慶元尹代歸以二親年高絕口不言仕進十九年中書參政布延布哈原作普顏不華治書侍御史李國鳳經略江南承制除暘本州同知暘奉檄欣然以起其爲錄事於衢也下車適大旱以郡守命禱徐偃王祠下未復命而雨如注莫不驚異民汪明之兄弟爭家財吏輾轉賕賂數歲不決暘問曰兄弟親孰與吏對曰兄弟同產吏途人爾暘曰弊同產以資途人汝何不思之甚邪其兄弟立感悟叩頭曰不敢復煩官府矣廉訪僉事寶寶行部蒞衢委以難決之獄凡所平反無不服

其明允遂以最聞墓誌江西左丞和爾多卜丹吏部尚書何執禮奉使宣撫江浙據元史百官志至正五年文補得暘治狀禮遇甚隆其爲尹於慶元也會僉事余闕以括賦役不均舉行覈實各縣皆擇人往董之惟慶元就以屬暘乃令民以田畝多寡自占即不實罪及鄰保立法周而用法嚴民自占無敢不以實賦以田制役以賦定富者幸免貧下重困之患遂除闕自爲書遺吏勞以公堂酒學宮在縣西大溪之北暘始視事進謁阻水不得前聞舊有詠歸橋直神女院左廢且數十年即經營興復之六月而成其修七百尺其廣三十尺覆以屋爲間四十有八來往

者便之十二年歲祲縣西鄙小民六十餘人貸於山中民弗從强委劑而發其廩以去富民忿之訴暘以為强劫暘惻然曰彼艱食冀活性命乃爾情亦可憫矣今以其活性命者戕其性命吾不忍為也若何獨忍乎富民愧謝而退（墓誌）邵武賊應必達（據元史順帝紀補）犯縣境暘以義兵會萬戶舒穆魯宜孫（識意伯集作石抹宜孫）擊退之民賴以安急於仕者率縛平民邀賞與暘曰軍功與民命孰重輒解其縛而縱之時平陽行樞密院判官周嗣德行州事暘不矯以為異不比以為同事無大小一裁以法君子稱其識大體為州佐三歲丁母憂解官明年州附於明暘

與友陳高慨然有浮海之志顧父篤老不能行高入閩
暘羈孤無儔卻掃一室名曰潔庵情有所觸俛仰書空
而已吳王府參軍胡深素重暘明年將表進於朝先之
以書幣暘返其聘謂使者曰使孔暘一出足於天下重
雖強顏從參軍後亦不辭不然何益況吾父年垂九十
不可頃刻去左右參軍奈何欲使之胥為不忠孝人耶
深愧其言而止後二年父卒時暘年六十三執喪哀毀
明洪武元年按察僉事趙壽將使指求賢浙東得暘於
溫復以應詔暘終辭疾不起十五年七月某日卒年七
十有九臨終謂諸子曰吾今而後有以見吾　父於地

宮師志

治行

矣蓋景行入元不復仕是以云子諒説詩詞訓孫岩字

遂塋墓誌暘生平喜爲文不自存稿既殁諒裒錄之屬同

里林興直類次爲潔菴集八卷詩四卷平仲集潔菴集序

右錄見平陽縣志人物傳

知縣

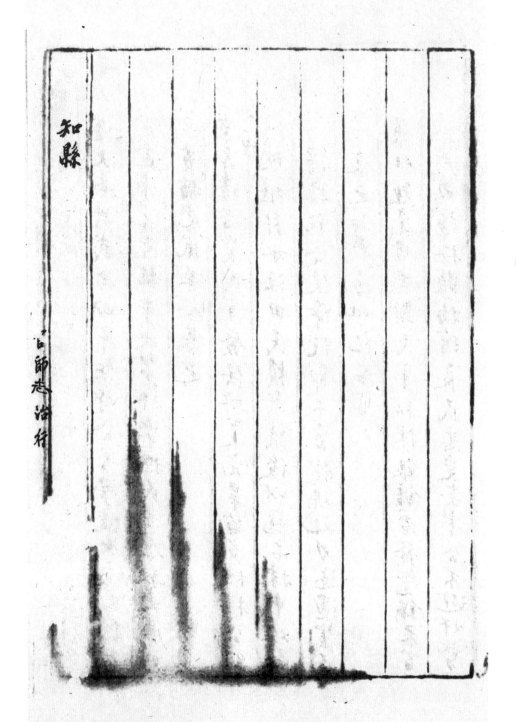

明

董大本洪武十四年任時公署學校久廢公握符
受事寓大銘寺次第修舉撫民寬厚馭吏嚴明
有循吏風至今慕之

曾壽清忠愛民百廢俱興夏元旱苗多枯槁公經
理陂堰引水注田民賴無饑後以寇石抹申攻縣
擄掠執公使降抗節不屈引頸就刃遂遇害民
哀之如喪考妣祀名宦

羅仕勉廉明果斷民有私採銀鑛者發覺錦衣百
戶田福按縣拘捕良民悉受其害公不避奸勢

遂一一奏聞以寢其謀時稱能吏

張宣持己謹厚處事明決在任九年政平訟理盜息

輯民安如何武當年去後常令人思

何鰲慎行敦節愛民禮士先賦無定式隨田多寡

為戶民病之乃平其田以二頃為一里彼此適

均戶無偏累輕刑緩賦革弊省費民德之後擢

都察院副都御史

李維貞初授浦江教諭正德七年至任宅心仁恕

愛民如子凡干以私者悉斥之時旱行禱於薰

山之巔拜伏烈日中不起須臾大雨是秋豐稔

[illegible]師志　治行

民國深之

陳彌正南昌人廉潔自矢質直不阿公而且明吏
不忍欺民無越訴後以憂去歌咏不忘
陳元峽江人厚重簡默有古人風時值開礦民苦
油糧之費復立礦稅徵額民愈不堪公乃固請
損其數以蘇民困遂忤時罷去人多為之泣下
陳澤南海人性勤敏才練達山寇猖獗公率兵捕
之斬首百餘級寇乃平時邑無城申請鬻寺田
及公署故址充費不逾年而城成民賴以安尋
擢南京監察御史

馬汝祿上元人清慎明敏時造糧冊奸胥受賄滋弊悉親自簡閱以鏡弊源版籍一歸於正尋入覲致仕歸

朱第黔江人簡重慈恕雖盛怒不形聲色待士以誠遷學修城經理有序不濫科罰以病民士民德之

勞銘彝懷寧人秉性儉約處事明決愛民禮士民貧不能耕者助之建義塾置漏澤園以病(疾)卒於官士民無不哀悼

沈維龍南安人廉明剛毅剔奸釐弊修邑乘置學

師志 治行

田芭苴盡絕帑藏肅清縣令汪獻忠詳准入名
宦祠
陳九功建昌舉人博雅大度公平明決實意御下
尤加意學校開渠引水以防火患期年政聲大
著調繁麗水合邑留詩為別
周道長成都人平賦役課農桑周助不給鰥寡孤
獨尤沐其施值蝗入境引咎籲天羣烏競食殆
盡咸稱異政且孝友性成每思親輒至慟哭竟
以告養歸士民如失慈母
鄧建邦全州人慈惠清慎政務簡靜糧蠹一清倡

造八都槎溪橋尤利民之大者
李賢廣東普寧人簡易慈祥不阿强禦時有奸民
以没官田私獻勢豪廉得其實上之當道以重
法繩之遣戍者三人自是權貴肅然邑無騷擾
去法之日老穉號泣隨之懇留衣冠寄思焉
沈立敬溧水人簡約裕民凡陋規悉行釐革至今
便之擢敘州別駕
張學書廣西平樂人廉氏仁恕先是慶有商鹽之
害官吏受賕役丁夫由龍泉轉運抵邑高騰市
價使鋪戶屯賣鹽復織惡食者多病商坐取盈

師志　治行

額致鹽戶傾家貿子女以償公目擊民苦詣鹺院請命願免官以除民害臺使可其請咨部每歲納包引課銀四十一兩八錢二分不許商鹽屯賣乃著鹽書以埀永久民困始蘇又礦稅徵溢額數倍公爲裁損僅足額而止當道又檄民充木戶鄰邑騷動公獨申地僻民貧不產巨木卒賴以免他如罷里甲蠲贖鍰至割俸以充費涖任三載祥刑息訟課士賑貧羣豺祭畜公疏於城隍明日遂遁至有自斃於山者一時稱異尋擢守真安父老攀轅有贈金佐道里費者概卻

不受迺相與建祠祀之後商鹽復至民益思之不能
忘云
郭際美萬安人方正慈儉邑自蛋水為災田多漂
沒民苦輸稅而糧里復增額外之費公條上革
禁之歲省數百金發倉賑恤單車徧行村落戶
閱而賑給之
樊鑑風雅有才政多更新龍山諸勝皆其開創邑
政暇理時登山遊宴賦詩民以風流仙令稱之
楊芝瑞廉明勤敏令行如風雷凡有益於民社者
無不盡心尤以作新士類為首政修城池築六

官師志　治行

隘建詠歸橋補天閣修堰灌田百廢俱興禦盜
有功民獲生全尋陞武定知州卒於官祀名宦

清

鄭國位遼東人精明廉幹慈愷愛民政治井然可
觀年甫十九而老胥猾吏不能舞文弄法重建
楊公左橋民無病涉待士誠禮交致合庠德之
卒於官士民哀悼不忘

王之垣絳縣人仁恕強明苞苴屏絕惠民愛士有
良吏風未二月卒於官囊橐蕭然合邑驚悼不
已賻之柩乃得歸

高嶺陝西寶雞人練達勤敏動應機宜公餘賦詩臨池有李北海風建於城隍廟尚書坊濬泮池治行多可觀焉

程維伊楚蘄水人至誠愷悌康熙三年涖任九載暨城樓清地畝蘇鹽田修邑乘建橋梁百廢俱興尤加意人材置育英儲英二莊召邑弟子員課藝其中并置租田作鄉會兩試之費五年丙午秋為同考官當湖陸子清獻出其門次年延居絳帳士風丕變十年辛亥歲凶饑單騎詣勘力請題疏蠲免正供一千四百兩有奇後以憂去士

民如失慈母

李袞黼字宸絲直隸人舉康熙間任耿時逆初平相機招撫殘黎賴以復業適遇採辦大木公以地方凋敝不堪任役力為減解又立文社於石龍山寺親自課藝其中朝夕饘膳悉捐俸以給至今談者有千載一時之感焉

鄒儒樂平人政主愛民而事必依法凡勸課農桑完糧輸穀皆畧官民之分儼若家人父子互相觀勉至於奸宄蠹書則必盡法懲之不稍貸也邑向無肆業地獨捐己俸建對峰書院置田租以作

師生修脯膏火之資即各鄉家塾亦常載酒餚紙筆以勸課之在任半載（年）以禮讀歸所著有松源偶紀企嶧時文泊陽經解行於世

羅岳瑾晉江人簡潔厚重審理詞訟鑒楚不濫尤加意人材邑有篤行勤學者厚禮待之卒於署

多澤厚由舉人署縣事廉靜寡慾不事刑威公餘常召諸生講學先品行而後文藝生平工於楷書學者宗之

李芾三原人清謹有惠政時奸商妄聳上憲復圖鹽害公獨勤勤懇懇再三申詳蒙各憲仍

官師志　治行

以聽從民便批示合邑始不驚擾

唐若瀛陝西人潔己愛民尤崇儒重道時 文廟傾圮捐俸倡修涉冬夏不倦後以憂去

董肇緒由舉人知縣事衣麤食糲一介不苟凡公出行李無異寒士工書法因不阿上官左遷敎諭卸任時猶以勤學力田囑士民

朱鍾麒由戶部主事改知縣署縣事僅三閱月聽訟明敏凡累年未結案牘讞斷一空民無羈訟後調諸暨知縣

莫景瑞瓊州定安縣秉性耿介同寅契友並不敢干

干以私善氷鑑士民或良善或奸巧一經品題罔不恰肖每斷大案必誓告神明民因無寃獄後以憂去寄寓括邑宦橐蕭然

黎蓀醰江西南昌人博雅仁愛奉檄署理慶篆甫到任路至竹口一鬧慶饑先行發諭糶濟吏以鬧倉須俟詳准乃可公忿然作色曰如俟詳准則往返多時吾民不堪生矣倘以先糶後詳為罪救萬民罪我一人可也我願承之即毅然糶濟閩境沾惠民賴以安且留心訓課振作士風閩庠感戴之不逾年尋陞瑞安知縣

官師志 治行

鳴山正白旗人寬慈大度政尚愛民不事嚴酷聽
訟時雖得其情猶存矜恤歲歉平糶出入公平
民皆悅服而且捐俸二百餘金倡修　文廟尊
師重道優禮士林旋調山陰士民感激
呂璜廣西永福人以進士擢署慶元縣知明決果
斷民訟即時判結終日身坐宅門內大座堂側
查察奸蠹稍有差舛無不盡法懲治咸稱
神筭每與諸生論文儼若師生前張程二公設
置儲英育英二莊田租助士人鄉會試資費幾
至有名無實公梳剔清釐俾沾實惠又添捐俸銀一百餘兩非若

買大坂洋田租五十餘把添作士子資費公繾逾年即禮卸事臨行猶與士民不
忍別

欒韶雲南晉洱人磊落魁偉廉明慈愛重士恤民
建造嬰堂以廣好生祭神逐虎而息民患遷崖
歸農園國空虛尋調蘭溪知縣去後人猶念之

黃煥雷州遂溪人清慎明慈修廢舉墜建造文
昌後殿重修石龍山亭復設社義倉穀以備歲
荒疏通城內水道以防火患培養人材士沐其
惠減價平糶民沾其恩後以憂去寔橐蕭然闔
邑士民饋贈而歸

官師志　宦行

鳳桳滿洲鑲紅旗人道光間由進士授縣事篤實廉明民心悅服尤殷樂育捐廉課士并集紳董採訪節孝彙請旌表後以調繁去士民慕之

李家鵬山西翼城人由舉人署縣篆才幹優長折獄明決捐廉倡修石龍山寺并集紳捐建節孝總坊以勵貞操尋卸任去歿於省邸士民悼之

舒逵江西進賢舉人咸豐間檄署縣事清慎明敏有古循吏風尤培植人才捐廉俸以資膏火公餘為士子繩削課藝一時沾被澤者如坐春風後以勞卒於官士民哀悼不忘

周季夔順天大興人咸豐七年署慶篆政持大體不尚煩苛八年五月政和踞賊犯慶元南鄉夔親率團勇迎擊賊潰奪獲無算生擒八人正法陣前並一面添募壯勇扼要防堵地方賴以保全後以讀禮去士民至今感戴

程國鈞安徽歙縣人同治間署縣事廉明果毅積年陳案排日讞決不事敲扑民情悅服邑僻瘠產米無多每屆青黃不接時貧民乏食輒聚衆滋擾積習相沿由來已久國鈞力爲整頓宿弊遂除貧富相安無事邑之角門嶺向有程公橋

康熙九年知縣程維伊捐建久廢於水國鈞力
倡復之
陳裔寬廣東四會舉人膺孝廉方正之徵授知縣
同治三年抵任治尚仁厚有長者風據府志補
蔡烜江蘇人同治間署縣篆長治才能幹事勸捐
社穀儲義倉以備凶荒酌撥寺租歸書院以充
膏火後以代去士民懷之
呂懋榮江蘇陽湖人同治間署縣事嚴正廉明決
獄勤敏凡有益民社者靡不力圖其成邑
關帝廟舊制狹隘率董倡修廟貌巍峩甲於他

邑竹口公館及官倉年久傾圮捐廉重新續成
程公橋榮力居多尤加意人材清釐書田院為
生童膏火需並撥新塋租佐士子賓興費莅慶
兩載百廢具舉旋補分水去任士民頌德不忘
劉濬大興廩貢生祖籍江蘇署縣事性嚴明才練
達興養立教次第舉行捐廉重修先農廟暨
武廟後殿門廡加以丹漆尤善應變是年九月
十一日山岱齋匪竊發焚掠數村幾至燎原濬
聞警星夜調營卒集民團募壯勇督同紳士分
隊攻勦閱三晝夜直擣賊巢殲厥渠魁悉數撲

減百姓得安祚庶事平復與善堂設義塾賑窮
嫠諸善政難以枚舉後卸篆時士民遮道泣送
如赤子戀慈母焉
彭潤章貴州黃平州人同治戊辰進士署縣篆廉
明果斷摘伏如神開誠布公民皆悅服邑山多
田少歲歉貧民乏食潤章單騎親履各鄉採運
穀石裒多益寡貧富相安旋以調簾去人民謳
思不忘
汪斌安徽懷甯人同治間權慶篆清慎明敏聽斷
多材卹窮嫠端風化勸捐社穀整頓嬰堂一切

善舉悉心擘畫尤重士有文行優長者隆禮待之邑演武廳向在雲鶴山麓斌以舊址有妨地脉捐廉徙雲龍門外東門城樓傾圯分俸倡修惜未及一年而瓜代士民扶老攜幼遮留塞道

以上舊志

梁安甸 信宜舉人 蒞慶五年政尚勤慎任內籌儲
社倉積穀四千餘石口曉舌瘏凡五閱月而達
近告竣復捐置盤量經費釐訂章程著為成書
加意民食於今利賴書曰德惟善政政在養民
公其有焉

沈懋嘉 江蘇武進舉人 性廉潔沐除陋規增置書院
擴充賓興嘉惠士林不遺餘力未久調補桐廬
士民感激立戴德祠以崇祀之

何文燿廣東香山進士愛民重士有古循吏風蒞慶

四載待士民略分言情不啻家人父子勤慎廉
明廉政畢興公餘之暇興（與）士林賦詩論文諄諄
善誘造誘造（就）尤多任內修理文廟關帝廟文昌
宮創辦同善堂安靈祠悉捐俸以爲之倡光緒
二十三四年連（遭）歲荒饑饉屢告設法減價平糶
不足復開（常）平倉以濟之民無餓莩戴如二天後
卒於官靈輀歸時沿途祭奠哀泣滿道迄今合
邑（猶追思）不置

丁良翰　山東濰縣人丙戌翰林廉能明察胥吏罔
敢干以私振興人文引爲己任時當變法以策

論取士捐俸購書置之書院聚邑之穎秀者肄業其中與諸生討論經史繩削文藝殆無虛日尤留心農事興濬水利民食其惠後以調簾去公乞借寇不報士民倍切懷思

王慶芝常熟人廩貢生風雅多才工詩善畫邑有文行優長者輒以禮遇之公餘之暇每集邑紳遊宴賦詩藉求民隱時當國家變法新政紛繁公創辦學校設立勸學所籌辦城鎮鄉自治靡不悉心擘畫井然可觀

湯贊清江蘇人蒞治時年甫二十四歲而幹練勤

能英明果決時值蛟水泛漲城隅文廟文昌宮
城隍廟先農廟關帝廟悉為衝毀四鄉村莊幾
等澤國力陳大吏領款賑濟並捐廉募款躬親
散放民免饑餒如慶更生各廟祀亦以工代賑
同時修復並建築文廟後石堎力任艱鉅以障
狂瀾惜不久丁艱去任士民感德久而不忘

毛雲鵠江山縣人京師大學校畢業科學湛深熱心
教育邑縣立第一第二兩高小學校皆其一力
整頓修校舍定規章痛除積習灌輸新知城鄉
區學爭自濯磨文化丕然大振巡按使屈尤稱

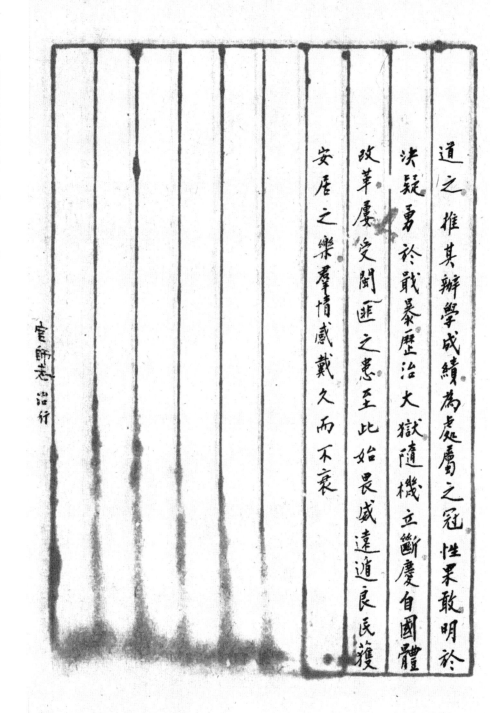

道之推其辦學成績為處屬之冠性果敢明於決疑勇於戢暴歷治大獄隨機立斷慶自國體改革屢受閩匪之患至此始畏威遠遁良民獲安居之樂羣情感戴久而不衰

明縣丞

魏明德創始立法愛民猶子時青田寇葉丁香吳達三等作亂朝命延安侯統兵勦捕侯以邑之二都與賊連境欲戮其衆公乃直抵軍營泣涕白侯曰吾邑民悉從化無從盜叛逆者若概戮之之是汚良民也請以身代侯重之其事遂寢

官師志 治行

戮

民得全生咸蒙其德

王延相吳縣人清介自持臨事不苟胥役不得售其奸後以病卒於官宦篋蕭然止餘柴薪銀肆兩清操聞於一時

明主簿

劉茂時山寇夏清四等日肆侵掠不時抵縣民不貼席公率居民吳德閭等設計攻擊破賊鋒民獲安堵任滿陞河陰知縣

教諭

元

董彝江西樂平人至正間三領鄉薦授慶元學正敦學礪行學者一時王夔繼拜端州路錄事洪武初召拜國子錄所著有二戴辨四書疑問平橋詩文集見樂平縣志

明

鄭師陳莆田人明教條嚴考課講[明]經義士風丕變諸生德之弗忘

王國相晉江人博古能文作易經講義[意]訓諸生考課嚴[勤]士氣振作尋擢廣東瓊山縣[知]

毛存奎松滋人古雅淵博善著述訓誨不倦士類

宦師志

治行

德之以宋知縣富嘉謀經始有功明知縣曾壽
抗節不屈特為題請從祀名宦大協輿情著有
輯禮編闔邑弦誦尋歸士民送之有流涕者
徐應亨蘭溪人純厚敦重為士典型博古工詩賦
著有十笏齋稿四十卷行世

清

駱起明諸曁人敏捷有氣節善藻鑑人品專以公
車業課士文風丕振尋陞直隸雞澤令
張晉餘姚人性寬和有盛德厭譚勢利以文行訓
士闔庠依德以病卒諸生哭之皆失聲士民歛

緡合賻旅櫬始得歸里

孫之騄錢塘人性耿介博極羣書年逾六旬日與諸生講學不輟所著有松源經説夏小正集解松源集等卷行世

孫源烏程人性和煦不苟言笑至與士子講解詩文必曲盡其妙尋陞知縣

錢廷錦會稽人由副車充八旗教習出就本學教諭敦厚貞介不苟取與而又和易近人常以品行訓飭士子卒於署合庠賻之旅櫬始得歸里

查府志此傳列爲程璪未免有誤故附記此以備更正

官師志治行

×章觀嶽瑞安人氣度嚴凝才幹優長尤加意造士必維持愛護以振士風闔庠德之

×朱鋼寧波鄞縣人温厚和平樸素耿介訓課士子先重品行而文以知止不辱教爲保身全家之法解組時士不忍別所著有北屏山亭記

×鄭之良永嘉人性質磊落書法雄勁有學有才訓課之暇士人有控爭者即招署理釋措遘疾而終闔庠賻之歸里

×林大經寧波舉人任教諭古貌古心褆躬謹飭訓課生童不計修脯有無先品行而後文藝士林

咸高其誼

×查世瑛嘉興舉人署教諭涵養深純耿介自矢日與諸生講學不倦凡進質詩文即而爲改正無不出經入史士多景從文風丕振

×馮春潮字珠航會稽人由舉人教授諭學問閎博口不言私行多古道凡探奇審問有叩則鳴不憚窮源竟委詳發其奥且謙而有禮所著有金帚集詩刊行於世

×呂榮華嘉善人道光間由舉人授教諭學問淵博日與諸生講論詩文引經據典本本原原秉鐸

垂二十年士風爲之一振後以病卒於官闔庠悼之

朱元佑海寧拔貢任教諭中咸豐壬子副車性耿介持古道博學能文造就甚衆咸豐戊午赴秋闈歿於省寓人咸惜之

孔憲采桐鄉廩貢署教諭性嚴直饒經濟訓迪有方士心悅服辦公勤敏清操絕俗先權景寧教諭後調慶元士林均深愛戴去後益切人思學問尤博述作甚富有典型錄金石錄小桃源紀畧東家外史東家雜記西征日記遍安居尺牘

海疆紀事等集待梓

×施戴封為烏程歲貢同治間署教諭性和厚品端方學究本原每與諸生講文藝必以經史相勗士有績學砥行者尤加禮焉後卒於任闔庠賻之歸

以上舊志

官師志　治行

教諭

陸壽民紹興山陰舉人品學純粹氣度和藹秉鐸垂二十年以教諭兼書院山長造就甚衆邑中俊秀悉屬公門桃李課餘尤以品行兢兢相敦勉士林咸高其誼後以年老歸里合庠餞送有感激涕零者

官師志 治行

訓導

明

李文魁古田人秉性嚴端持身不苟立科條勤教誨有古人風諸生歲考貧不能往者出俸金濟之與知縣何鰲同官時有縣學雙清之譽

官師志治行

吴從周邵武人性剛直博學好詩視邑篆益加清慎時山寇臨城公誓以死守至七日賊遁去以城西在山之下懼寇登攻遂申請當道改築西城跨山之巔捐俸首築二丈以為民式保障之功居多尋陞國子監學正

清

莊峙峨鎮海人和平樂易雅尚清操與生徒接不談勢利亦不專論文章士林德之如坐春風

胡曾肇德清人博通經史與諸生談論典故凡諸子百家無不源源委委校閱詩文悉為元圖之

才士風從此益振

王壇字蔚堂山陰人博學多識書法豪邁而見平易近人不談勢利與士人講論詩文恍如披雲見月畧師徒之分儼若家人父子誠信宅心忠恕接物閩庠德之尋陞廣東知縣

陸泰交歸安人博學閎詞操履清潔尤雅意造士日與諸生校閱詩文孜孜不倦惜遘疾而卒闔庠賻之歸

王勉蕭山人襟懷瀟洒博涉羣書訓課諸生援典則滔滔不竭而尤工聲韻脫口如生 以上舊志

官師志　治行附

訓導

清

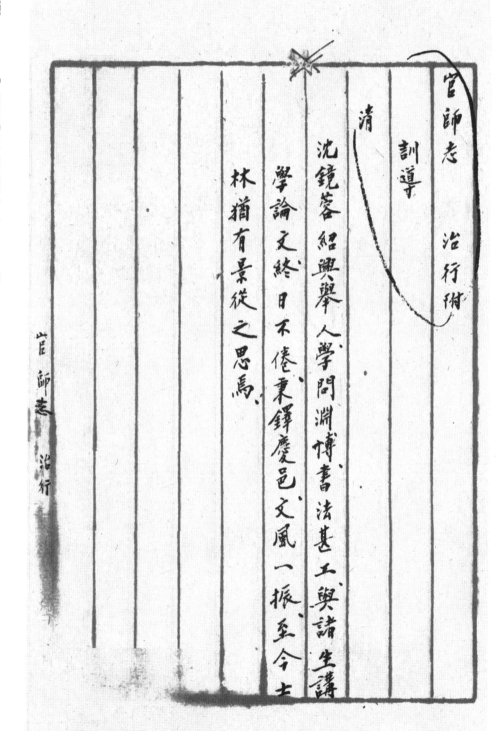

沈鏡蓉　紹興舉人，學問淵博，書法甚工，與諸生講學論文，終日不倦，秉鐸慶邑，文風一振，至今士林猶有景從之思焉。

訓導

沈鏡蓉紹興稽會縣舉人學問淵博才幹優長與諸生講學論文終日不倦秉鐸慶邑文風一振至今士林猶有景從之思

官師志 治行

選舉志

卷拾

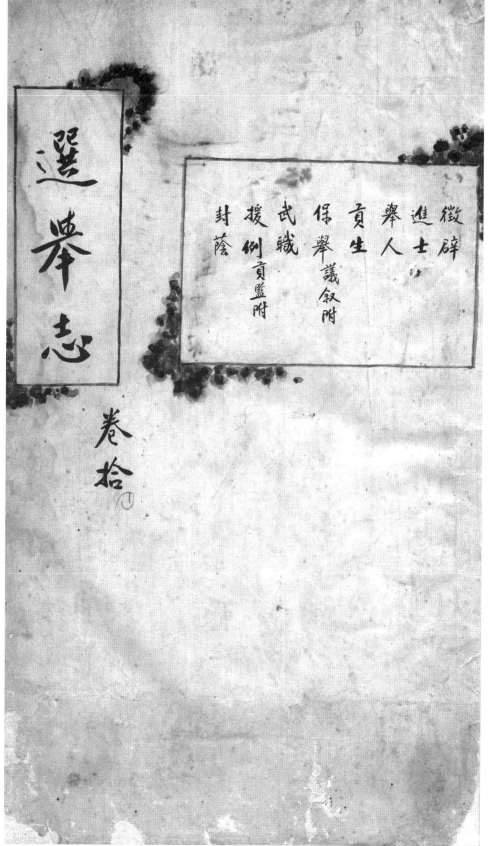

徵辟
進士
舉人
貢生
保舉議敘附
武職
援例貢監附
封蔭

慶元縣志卷十

選舉志 自徵辟至援例止均列表

徵辟 進士 舉人

貢生 保舉 議敘附 武職

援例貢監附 封蔭 耆介老人附

舉業生 議員

自鄉舉里選之法別爲科目取士之制而制科之典遂以重登進之途亦寖以廣梁武帝招求後進五館生皆引寒門俊才即今之進士也隋大業三年始置進士科唐制取士多因隋舊歲舉常選有進士之科宋世制舉科目繁多如三科八行茂材童子之類雖

以悉數慶爲古松源地向隸龍泉於寧宗慶元三年置縣後閱四百十有二年始有志其間第泰官膺薦舉散佚遺落稽考無從者當或不免故舊志進士宋代祇二十人明代二人清代只一人元代闕焉無聞書缺有間已可想已現在選舉法變國民由議會當選始有參政之權科舉制更士子必學校畢業方獲出身之路亦以見近代選舉沿革之辜較也志選舉

選舉表

唐

進士

年分無考 吴禕 補
舉進士任都巡遷大中大夫舊志未載今據玉田吴氏譜補有傳

宋 徵辟 進士

年分無考 吴深 補
太宗召見賜授南陽令遷樞密院參知政事出知潁州太守陞大中大夫兼河東轉運副使有傳

仁宗天聖二年甲子 吴穀
官大理評事至太子贊善改殿中丞有傳
是年為宋郊榜

景祐元年甲戌 吴轂
濠州知府特授守祕丞有傳
是年為張唐卿榜

神宗熙寧三年庚戌 吴桓
長興宰有傳

是年為葉祖洽榜

六年癸丑　吳翊

池州通判有傳

吳昇

蕭山尉潭州教授有傳

是年為余中榜

九年丙辰　吳庸

官翰林待制學士贈少師改名伯舉

有傳

是年為徐鐸榜

徽宗大觀

元年丁亥　劉知新

仕綿州知州有傳

舊志載大觀庚寅科劉知新狀元及

第今從浙江通志改正

是年為李邦彥榜有賀疑見叢記

政和二年

壬辰　吳彥申

秀州司理參軍有傳

吴 逵

東平州知州

案府志浙江通志俱作逵

吴 銳

處州通判祀鄉賢有傳

吴 樞

嘉興知縣祀鄉賢有傳

是年爲莫儔榜

高宗紹興十五年乙丑 陳嘉猷

舉神童科官禮部尚書有傳

陳嘉猷

案舊志載紹興二十四年甲戌科張孝祥榜陳嘉猷今從浙江通志改正

是年爲劉章榜

孝宗隆興元年癸未

胡 紘

官吏部侍郎有傳

是年爲木待問榜

寧宗嘉泰二年壬戌

吴 懿德

官廣州通判有傳

選舉志表

是年爲傅行簡榜

嘉定七年甲戌 吳漢 戶部侍郎有傳

宋浙江通志南劍知州

是年爲袁甫榜

十三年庚辰 吳人可 湖州總幹

是年爲劉渭榜

理宗寶慶二年丙戌 吳己之 知杭州府有傳

是年爲王會龍榜

嘉熙二年戊戌 吳椅 韶州知州有傳

是年爲周坦榜

淳祐元年辛丑 王應麟 給事中有傳

舊志載嘉定元年戊辰科王應麟今考浙江通志王應麟父王撝嘉定十六年癸未科蔣重珍榜進士是舊志所載未免有誤故從通志改正

是年為徐儼夫榜

至王應麟是否慶人事詳叢記

寶祐四年丙辰 吳松龍

松溪縣尉有傳

是年為文天祥榜

元

徵辟

以下年分俱無考

吳平 上管人授福建松溪尉轉浦城尉

舊彙列 楊世立 湖北崇陽知縣

姚棨 邑主簿有傳

葉山城 北門人河南候補府尹

吳鉄 上管人授福建延平府府尹轉延建邵道有傳

明

徵辟

以下年分俱無考錄

吳達 上管人，鎮江知縣　吳子榮

舊案列

林存中 北坑人，廣東南雄府通判　吳子達

葉世卿 一作仁卿，福建福清知縣　楊彥舉

葉仲真 湖南黔陽縣主簿　吳佳

童德大 外童人，廣東博羅縣丞　吳鸞

潘錦歷 下管人，涿鹿四衛經歷　陳禮宗

吳圓 上管人，福建泉州府通判　吳元輔

吳子昇 上管人，廣東定安縣知縣　吳元益

對閱 吳河 下管人四川順慶府經歷

對閱 姚仲剛

對閱 吳滿 雲南烏撒軍民府照磨

對閱 [illegible]方 外童人

對閱 吳在 上管人江西豐城縣巡檢陞沿山縣知縣

吳仕安 下管人福建泉州府通判

對閱 葉得興 東陽人工科給事中

明　舊志元明徵辟慶人與選者俱無年分可考祗依

舊彙列不用表見上

明史選舉志舉人試之京師曰會試中式者天子親

策於廷曰殿試分一、二三甲以爲名第之次一甲止

三人賜進士及第二甲賜進士出身三甲試同進士

出身

明制會試不中式送國子監肄業屢試不第以監生

資入官

明代貢生有選貢恩貢歲貢選貢者弘治中於常貢

外令提學行選貢之法不分廩膳增廣生員通行考

選以後三五年一行恩貢者國家有慶典或登極詔書以當貢者充之而其次即爲歲貢定例府州縣學生員歲貢生員各一人洪武二十五年定府學歲貢二人縣學歲貢一人以上均纂自龍游縣志

進士　舉人　貢生

太祖洪武年

吴道保

吴熊

崔中　江西浮梁縣縣丞

吴佐　江西大庾知縣

吴琩　大街人山東道監察御

		史有傳
		楊溢 桂平知縣
		潘鈞 下管人
		周深 州判府志海州判官
成祖永樂三年乙酉	姚珙 上倉人衞輝府通判	吳杰 永樂年科分無考 下管人刑部主事有傳
	有傳	楊鉒
六年戊子 ○案舊志作九年辛卯今從浙江通志改正	吳仲信 上管人泉州府通判	吳禮 上管人江西撫州通判
	有傳	吳坦
		吳愈 寶府推官
十二年甲午	葉祥 西隅人有傳	吳陳 沅陵知縣

對閱

鮑畢 西隅人見進士

以上科分俱無考

十三年乙未 鮑畢 西隅人南京禮部主事

葉廷備 十三年恩選福建浦城知縣

案舊志列在洪武十三年

有傳

查慶元邑洪武二十年縣治

是年為陳循榜

為巡簡司治設栜蘭隘仍

十八年庚子 趙樞 南門人四川雅州學正

屬龍泉至十四年復置縣

有傳

則十三年尚隸龍泉府志列在永

樂年故據以改正

吳仲賢 三都陳村人零陵巡檢

姚永黯 後田人

有傳

姚永誠

零陵巡檢四字據府志補

後田人蘇州府衛經歷

二十一年癸卯 吳源 安溪人淮安府經歷

姚永增 後田人

吳東初 商河知縣

葉洪 賢良人

姚克平
後田人山西行都司經歷

姚茂誠
建平訓導
案建平訓導四字舊志
失載今據府志補

姚永勳
後田人

李存欽
後田人建平訓導

吳長壽
池州府通判

吳子深
上管人香河知縣

吳子興
上管人南陽府推官

吳象
上管人

以上科分俱無可考故依
舊次列葉廷備後

宣宗宣德

年　周文迎

謝智清 後田人，臨安知縣

葉慧清

楊志高

朱寧 汀州府訓導

賴景行 中黎人，經歷

英宗正統　鄭熊

劉存壽 正統年

六年辛酉

鮑琦 西隅人，零陵知縣

李瓊 南安府推官

舊志失載，據府志補

對閱 林敏 北坑人

對閱 林澧 北坑人曲阜知縣

對閱 張經

閱 舊志失載據処府志補

對閱 葉盛 柿兒葉人經歷

閱 楊誠 主簿

景宗景泰年

對閱 姚道澄 歙州府通判

閱 姚公器 池州府檢校

對閱 吳璵 上官人

閱 葉道隆 東隅人

天順年

閱 夏大進

憲宗成化七年辛卯

吴譽 安溪人建寧訓導有傳

吴輔 貴縣訓導

葉興 北門人

李朗

吴汝楨 成化年 西隅人鄱陽知縣

寧府典儀

周宗林 九都蓬塘人汀州知縣

胥道保

陳洪

楊善 主簿

吴潭 下管人見舉人

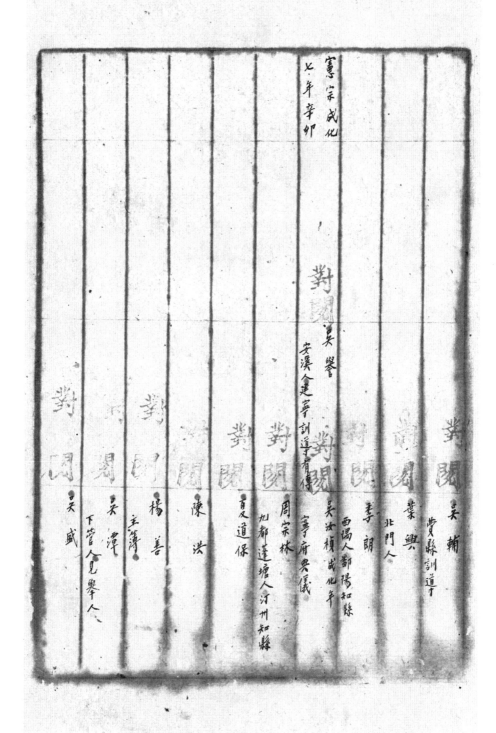

吴盛

闕 葉惟智 東陽人廣東德慶吏目

闕 周鳳岐

闕 吳洪 撫州府經歷

闕 陳茂 高明教諭

闕 季海 西隅人

孝宗弘治八年乙卯

吳潭 下管人常德府推官改安吉縣通判有傳

吳文 上海縣丞有傳

吳統 上管人歲貢瑞安教諭舊志列在隆慶年今據府志改正

吳紀 上管人恩貢瑞金知縣有傳

選舉志表

吴若 上管人延平經歷

陳道惠 下管人恩貢者授縣丞

葉泰 閩縣主簿

吴鈞 上管人

葉儒 西隅人

吴贊 杭橋人連城知縣有傳

劉育

周鐸 鄖西知縣

吴節 西隅人新建縣丞有傳

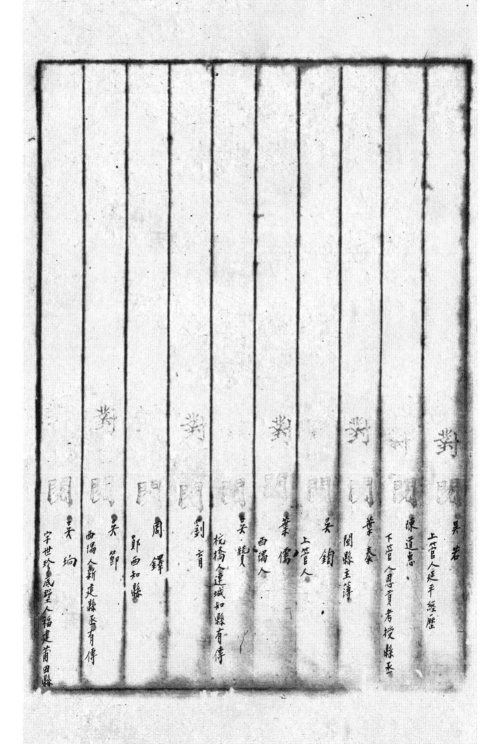

吴珦 字世珍底墅人福建莆田縣

丞有序及行狀見藝文

胡榮廣補 二都蘇湖塘人選貢舊志失載今據新采訪補

武宗正德年

吳晏 上管人東平州訓導

吳克禮 西隅人有傳

周鎮 河南布政司經歷

吳信 三都中村人

葉濬

李茂 西隅人福建沙縣縣丞

吳烈 貴州新添衛經歷

世宗嘉靖

七年戊子

胡倬 廣西儀衛司籍 見進士

案浙江通志廣西中式

吴壽 嘉靖年 浦城訓導

周瑛 南城訓導

八年己丑 胡倬 行人有傳

是年爲羅洪先榜

葉文彬 北門人盱眙主簿

周塤 漳平教諭

吴禮 梳橋人宿州同知有傳

吴宇 下管人福建將樂知縣 有傳

吴伯齡 西隅人汀州通判有傳

陳裕 黄梅訓導

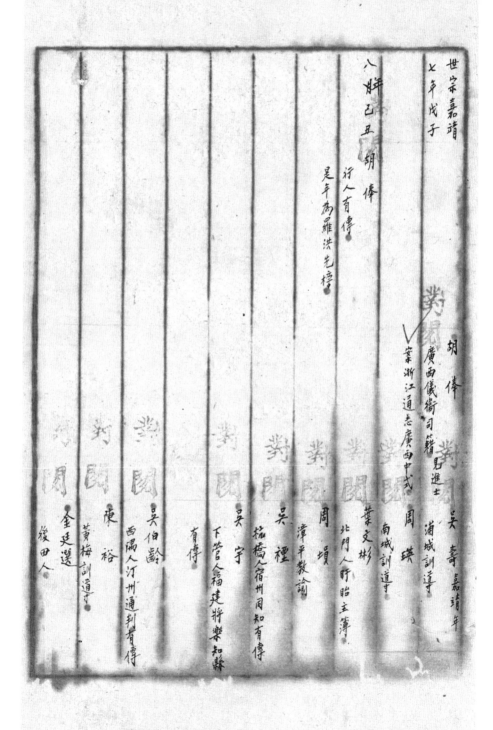

金廷選 後田人

吳輜 修仁知縣

葉廉

葉寵 廣西按察司經歷

首又懋 山根人廣西北流知縣

吳大豪 西隅人建昌知縣

吳安 下管人武進縣丞

吳繼翊 建昌主簿

葉春 高州府通判有傳

吳伯儒 西隅人昌化知縣

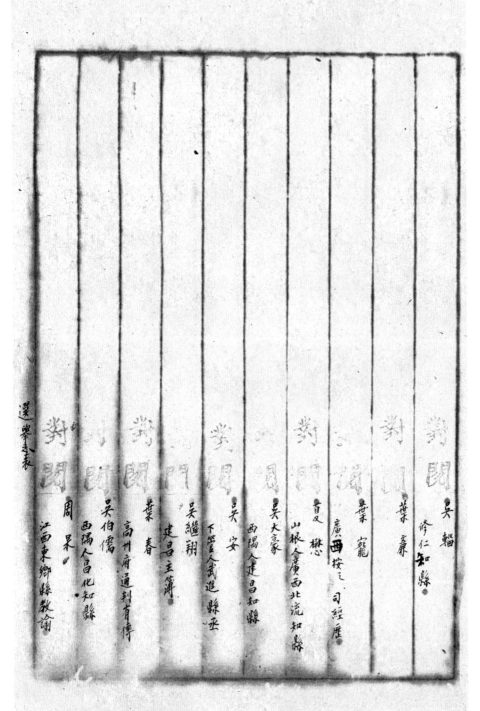

周杲 江西東鄉縣教諭

葉文溥　北門人崇府典儀徐州州判

陳璋　下管人

葉相　北門人分宜訓導

周輅　周墩人鈞州同知有傳

周相　周墩人

陳祚　下管人　大庾教諭

穆宗隆慶元年丁卯

姚英　後田人廣州府同知

姚文銓　後田人

吳比

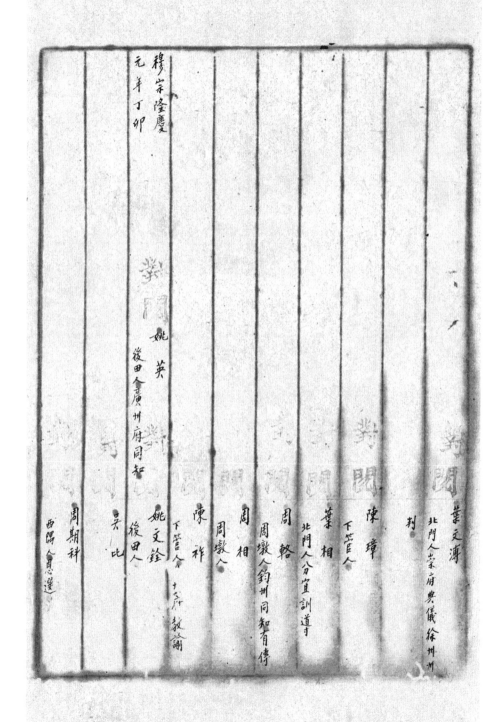

周期科　西隅人恩選

吳述 下管人無錫縣丞有傳

吳益 杭橋人光祿署丞

以上科分俱無可考依舊志

彙列

神宗萬曆元年癸酉

葉孔舒 筱田人元年恩選

葉沾雨 北門人

吳淵 杭橋人

吳文瀚 底野上人縣丞陞儀徵知縣有序見藝文

吳子直 上管人晉江主簿

李良璣 西隅人

選舉表

明神宗万历

十年壬午

○舊志九年今從浙江通志改正

姚文温 后田人改名文焻見舉人

姚文焻 後田人順慶同知原名文温 有傳

葉建祥 東隅人恩貢福建尤溪知縣 有傳

吳文淑 上管人延平府訓導

吳文源 底野土人豐城知縣

姚文瀾 後田人永嘉訓導

季叔明 西隅人主鄞縣丞有傳

葉應惠 東隅人

吳世勳 西隅人恩貢廉州府通判

姚文汀 後田人

吳慶會 上管人恩貢漢陽知縣

有傳

周時佐 周墩人永豐教諭

周一桂 周墩人武義訓導

胡泮 官塘人恩貢廣東高要

訓導

周宣 西隅人於潛訓導

吳廷敘 淤上人常山訓導

吳溢 上管人仙居教諭

吳敦倫 下管人玉山教諭

葉二陽

陳益國 東陽人平陽訓導

吳芥 東陽人湖口教諭

葉應選 東陽人建寧府衛經歷

葉蒲 後田人茶陵州州判

光宗泰昌

年

姚允元 上倉人由[illegible]四川梓潼縣知縣

熹宗天啟

年

吳先第 西陽人恩貢江西安福縣丞

對閱 吳國紳 上管人京選訓導

對閱 葉咸章 發田人福建尤溪縣丞

對閱 周班祿 西陽人望郷主簿

對閱 李時芳 西陽人湖廣岳州衛經歷

思宗崇禎元年戊辰 對閱 吳其昌 杭橋人恩貢福建光澤縣丞

二年己巳 對閱 葉應遇 選貢舊志稱拔貢考明季無拔貢當係選貢之譌今正

對閱 姚汝嘉 發田人撫州府訓導

對閱 葉廷神 東陽人

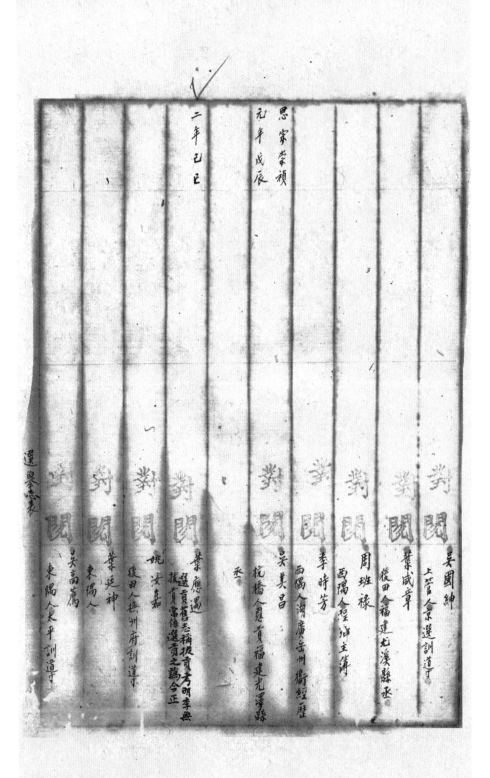

對閱 吳高薦 東陽人太平訓導

吳延年 西隅人，興化訓導

吳一鷥 下管人

吳希點 字樂虞，上管人，歲貢，餘杭教諭，陞福建連城，乃再任廣東惠來知縣 南縣

吳淑 西隅人

吳行可 西隅人，建陽教諭，有傳

十六年癸未

吳高捷 東隅人，歲貢

葉初生 北門人，河南巡檢

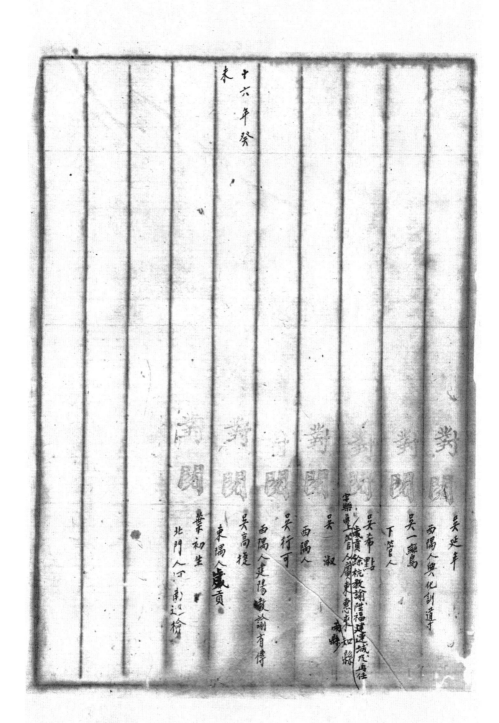

對閱 對閱 對閱 對閱 對閱 對閱 對閱

抄

選舉表

清

清進士舉人其制與明代相同惟科目略有殊異武科鄉會試始於明憲宗成化十四年所有規制大率仿文闈而減殺之清亦沿襲其制故於文闈舉行後有武科鄉會之試

清會典貢生則有拔優副恩歲五貢之稱拔貢清初無定期康熙三十九年停止雍正七年後六年行一次至乾隆七年始定爲十二年一舉期在酉年考試優貢者每逢大比之年學政調取優行生員於鄉試

後會同督撫考試浙江每科六名同治六年奏定與拔貢一體朝考以知縣教職錄用副貢爲秋闈試卷文理優長限於額數而設故稱副榜與正榜同發由禮部咨送吏部授職恩貢者凡逢應貢之年如遇有慶典或登極等特恩則以正貢充恩貢以次貢充本年正貢正貢即歲貢府學每歲貢一人縣學每二年貢一人

	進士	舉人	貢生	武舉人
世祖順治 年			吳鳳翔 西隰人恩貢新寧州知州有傳	

吴自明 守德鄉下管人紹興府教諭

吴逢昌 杭橋人歸善知縣 有傳

八年辛卯

葉馨然 東隅人恩貢岳陽知縣

吴貞明 下管人吉安永豐縣丞

葉上選 後田人恩貢見舉人

十四年丁酉

葉上選 後田人順天中式第

三十三名會稽教諭 王錫俸 竹口人仙居訓導

吴王春 下管人樂清訓導

有傳

葉時秀 恩貢滕縣知縣

吴世臣 字非喬 下管人桐廬訓導

吴麗明 下管人考授訓導

葉廣生 北門人

聖祖康熙

李時英 西隅人恩貢

年

陳茂 下管人授訓導

葉贊然 東隅人樂清訓導

	吳美中　西隅人授訓導
	吳之騏　上管人授訓導
	吳于泰　上管人
十一年壬子	吳運光　下管人副榜
	吳玉賓　下管人
十三年甲寅	周宣明　埜宅人歲貢
	李炡　西隅人
十七年戊午	葉喬林　上葉人歲貢考授訓導
	葉賡松　北門人

選舉表

三十年辛未

胡嘉孝 左溪人歲貢

三十三年甲戌

葉韜然 東隅人拔貢

李時亨 字國昌黄壇人

吳沖 下管人

葉廷桂 恩貢

吳子晃

吳瑛 竹口人恩貢考授州判

吳鎬 下管人拔貢

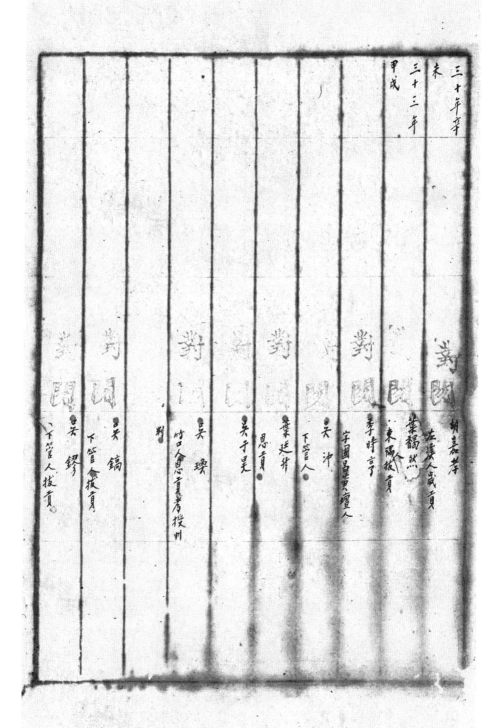

吳鏐 下管人拔貢

吳栴 下管人孝豐教諭

吳若儀

葉珪 後田人

鮑知我 西隅人

吳守一 楊家莊人

余勳 後田人

李玗 西隅人仝關溪訓導 有傳

吳孚中 慈溪訓導

葉鳳馨

吳鏜 下管人

選舉表

王時起 東陽人

王之漣 竹口人

吳廷鍇

吳玉春 上管人

吳秉鐔 楊家莊人

周大訓 埜塘人拔貢

吳令杲 上管人

葉以澥 北門人

吳珩 竹口人歲貢

五十七年 戊戌

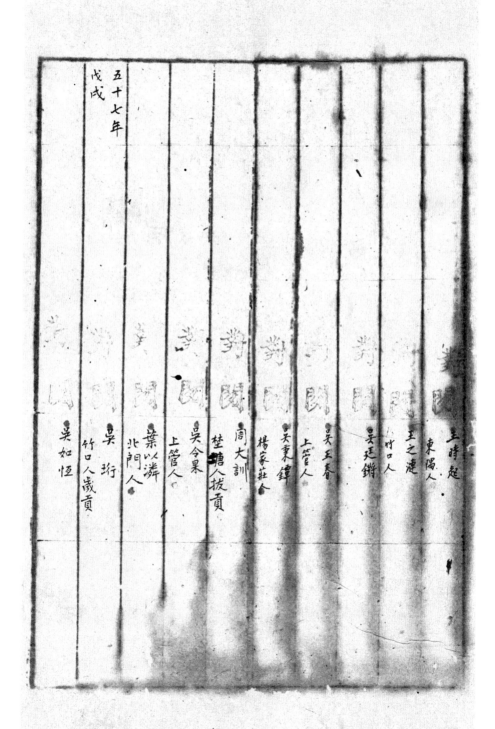

吳如恆

葉藻

周寧

吳澍 下管人

世宗雍正年

吳元瑝 下管人拔貢

吳名正 下管人

吳令德 上管人

吳巘 下管人

陳子疇 下管人

余棫 後田人

十三年乙卯

姚必觀 拔貢原任貴州

畢節知縣有文稿

詩集見藝文志書

目舊志姚必觀列

在乾隆年案乙卯

為雍正十三年茲故

改列雍正年

高宗乾隆

元年丙辰

李學洙

西隅人恩貢

李期敏

西隅人歲貢

三年戊午

余槐

後田人歲貢有傳

五年庚申

姚大彩

後田人歲貢壽昌

訓導

六年辛酉

周之晃

後田人歲貢有傳

吳得訓

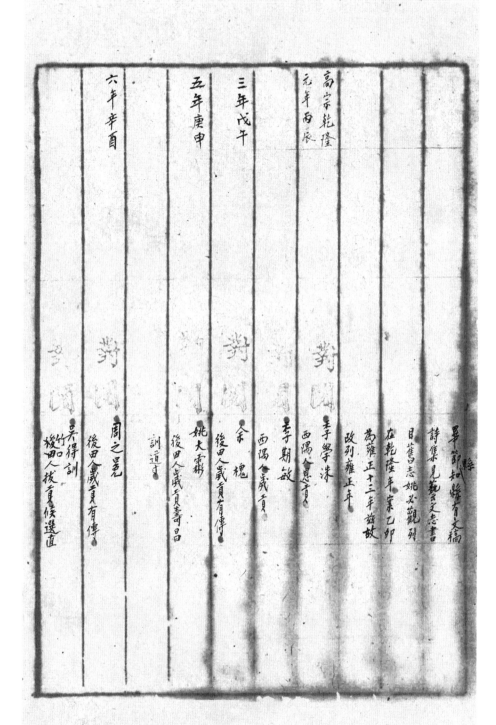

竹口樓田人拔貢候選直

		隸州州判
七年壬戌	吳之煥	廊下人府學歲貢
九年甲子	吳霦	下管人歲貢
十一年丙寅	余滢	後田人歲貢有傳
十三年戊辰	李鍾雋	西隅人歲貢寧海
		訓導有傳
十五年庚午	周宗濂	埜宅人恩貢
	周德望	周墩人
十七年壬申	吳沈	下管人恩貢
	吳文朏	杭橋人歲貢授會

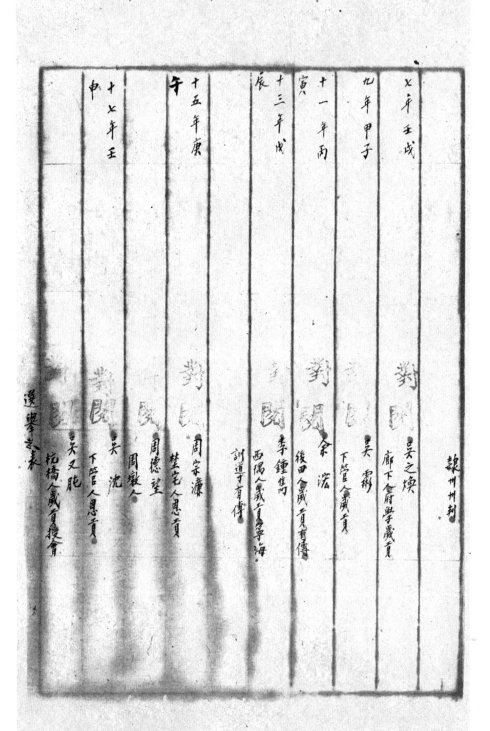

		署訓導不仕
十九年甲戌	姚繼亮	後田人歲貢
二十一年丙子	葉永昂	賢良人歲貢
二十三年戊寅	吳世名	上管人歲貢
二十四年己卯	姚　梁	後田人優貢見舉人有傳
二十五年庚辰	姚居厚	上倉人歲貢有傳
二十七年壬午	吳三錫	上管人恩貢
	吳夢麟	後田人歲貢
二十九年甲申	姚必彪	後田人歲貢

三十年乙酉	姚梁　後田人順天鄉試中式第三名舉人見進士 姚宋　拔貢與見四維宗學教習秦順教諭
三十一年丙戌	余漳　後田人歲貢考授訓導
三十三年戊子	余鎔　後田人歲貢
三十四年己丑	姚梁　後田人第二十名進士官内閣中書 是年為陳楚楷榜
三十五年庚寅	姚垂敏　上倉人歲貢
三十六年辛卯	姚華　後田人舉人
三十七年壬辰	英燦　下管人恩貢

選舉志表

三十九年甲午	李天魁	西陽人歲貢
	吳元棟	後田人歲貢
四十一年丙申	葉英	後田人歲貢
四十二年丁酉	姚濬	後田人拔貢四庫館議敘分發江西候補布政司理問建昌撫州吉安通判
四十三年戊戌	楊樹朝	竹口人歲貢
四十五年庚子	余應耀	後田人恩貢
	吳于漣	西陽人歲貢
四十七年壬寅	姚黄	後田人歲貢

	田聯潤	竹口人恩貢
四十九年甲辰	周宗澂	埜宅人歲貢
五十一年丙午	李蒼	西隅人恩貢
	吳炳學	杭橋人歲貢
五十三年戊申	王紹曾	後田人歲貢
五十四年己酉	姚漢楫	後田人拔貢
五十五年庚戌	吳象豐	上管人恩貢
	范連相	後田人歲貢
五十七年壬子	姚蒸	後田人歲貢
五十九年甲寅	葉向榮	桃坑人歲貢

選舉表

仁宗嘉慶

元年丙辰　吳公選

水門人恩貢道光五年奉部選授分水訓導

姚琴

後田人歲貢

三年戊午　吳國華

底墅人恩貢

吳玉衡

上管人

周翰才

上莊人歲貢

五年庚申　吳先經

上管人歲貢

七年壬戌　余壇

後田人歲貢道光十一年奉部選會稽訓導

九年甲子　陳紹虞

蔡川人歲貢

十一年丙寅　周原

東隅人歲貢

十三年戊辰	范連盛	大岩人歲貢
	田聯治	竹口人恩貢
十五年庚午	陳啟治	蔡川人
	姚滄栟	後田人恩貢
	范邦槐	大岩人歲貢
	余鈞	後田人郡貢
十七年壬申	楊思震	八都人歲貢
十八年癸酉	姚潤梧	後田人拔貢
十九年甲戌	吳登瀛	西隅人歲貢
二十一年丙子	吳一桂	西隅人歲貢

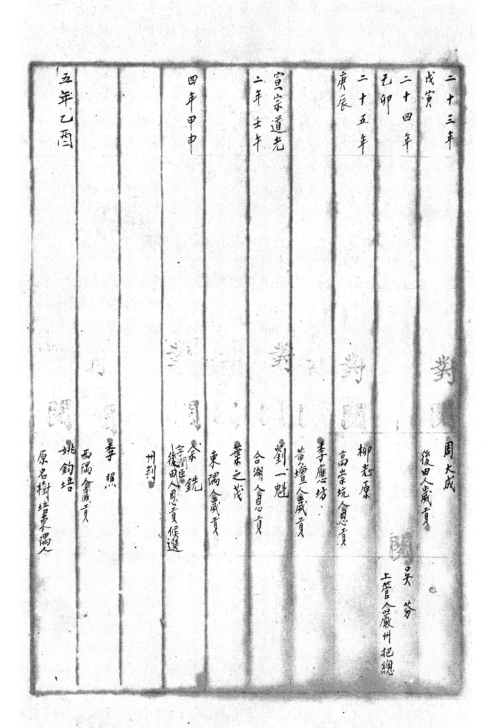

二十三年戊寅	周大成	後田人歲貢
二十四年己卯	吳芬	上管人嚴州把總
二十五年庚辰	柳光原	高崇坑人恩貢
	李應坊	黃壇人歲貢
宣宗道光二年壬午	劉一魁	合湖人恩貢
	葉之茂	東隅人歲貢
四年甲申	余銑	字闇臣 後田人恩貢候選州判
	李照	西隅人歲貢
五年乙酉	姚鈞培	原名樹培東隅人

拔貢湖南候補直隸州州判歷署桂陽武岡州州同澧州州判長沙湘潭瀏陽各縣縣丞會同縣知縣借補茶陵州州判調補靖州直隸州州判甲午科湖南鄉試調充簾官有傳

六年丙戌 田嘉脩 竹口人歲貢有傳

八年戊子 周公佑 上淤人歲貢

十年庚寅 季應塏 黄壇人歲貢

十二年壬辰 張承書 五都人歲貢

十四年甲午 田嘉績 竹口人歲貢

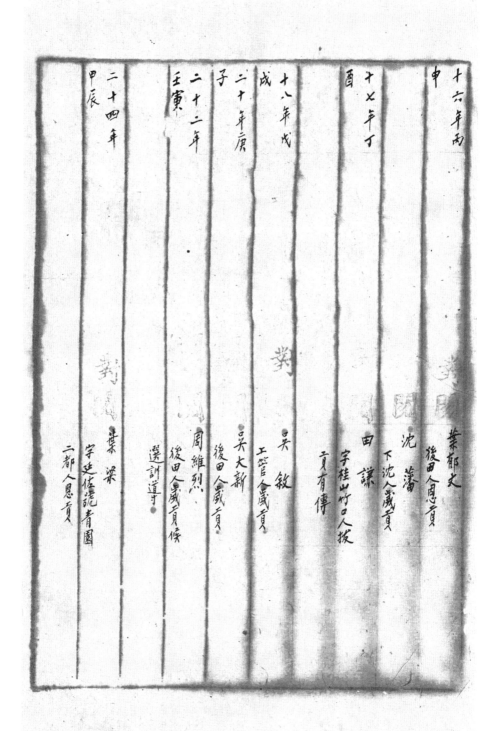

十六年丙申　葉郁文　後田人恩貢
沈藩　下沈人歲貢
十七年丁酉　田謨　字桂山竹口人拔貢有傳
十八年戊戌　吳敘　上管人歲貢
吳大新　後田人歲貢
二十年庚子　周維烈　後田人歲貢候選訓導
二十二年壬寅
二十四年甲辰　葉梁　字廷佐號青園二都人恩貢

	姚樹檀 東隅人歲貢	
二十六年丙午	周維謨 後田人恩貢	吳泰 西隅人
	李垣 西隅人歲貢	
二十八年戊申	姚律成 後田人歲貢選用訓導	
二十九年己酉	田慶餘 竹口人拔貢考充鑲黃旗官學漢教習期滿分發湖南候補知縣保加同知銜署石門縣事丁卯科湖南鄉試調充簾官有傳	
三十年庚戌	陳南 大濟人恩貢	

文宗咸豐
吳濂 大濟人歲貢有傳

二年壬子
陳宗敬 字修齋二都人恩貢
李銘 黃壇人歲貢

四年甲寅
田和 竹口人恩貢
李占雲 西隅人歲貢有傳

五年乙卯
葉成豐 二都人有傳

六年丙辰
葉榮英 西隅人恩貢
吳敦恆 黃史人歲貢

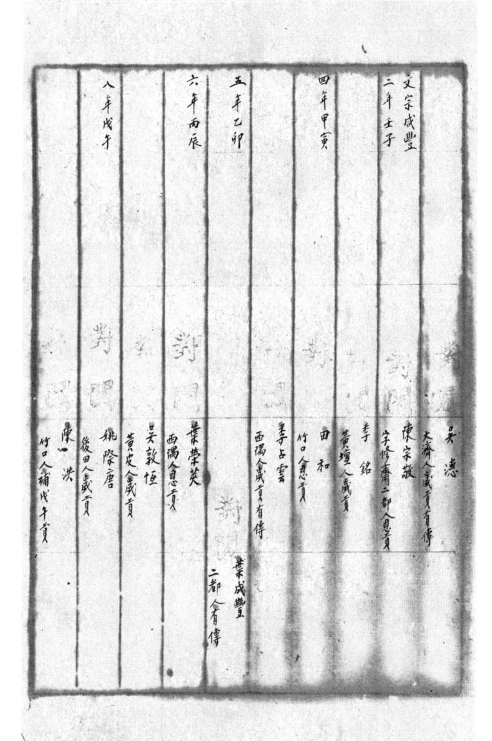

八年戊午
姚際唐 後田人歲貢
陳洪 竹口人補戊午貢

十年庚申　吴江　大濟人恩貢有傳

吴淵　西隅人歲貢

十一年辛酉　李之良　黄壇人拔貢

穆宗同治元年壬戌　吴美金　西隅人恩貢

李逢煦　西隅人歲貢

三年甲子　練儆先　後田人歲貢

四年乙丑　□宗是年補行咸豐九年己未十一年辛酉科武舉　李正標　后宗人

五年丙寅　吴飛熊　二都人恩貢

六年丁卯　吳葵　攀溪人歲貢
0棻是年補行元年壬戌本年丁卯科武舉　葉以忠　二都人
七年戊辰　葉珣　字東美號鶴峰　二都人歲貢
九年庚午　吳其梅　大濟人歲貢
十一年壬申　周以騏　上莊人恩貢
許作舟　竹口人歲貢
十二年癸酉　吳炳文　東隅人拔貢候選

教諭

十三年甲戌 吳紹傳 隆宮人歲貢

德宗光緒

二年丙子 葉上蓮 二都人恩貢

李占衔 西陽人歲貢

以上舊志

四年戊寅 吳廷槐 字植德二都官塘人歲貢

六年庚辰 吳寶琛 二都人恩貢

吳楷 二都人歲貢

八年壬午 吳鵾 上營人恩貢

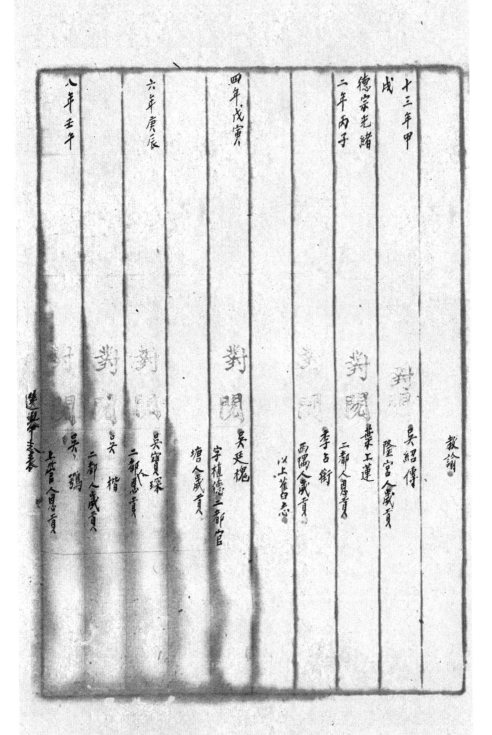

選舉志表

陳子彥　字芸圃二都人歲貢

十年甲申　吳肇勳　字先典號古樓二都人歲貢

十一年乙酉　姚典　東隅人拔貢就職教諭

十二年丙戌　余茂林　大濟人歲貢

十四年戊子　姚作霖　後田人歲貢

十五年乙丑　姚炘　後田人恩貢

吳家邦　後田人恩科武舉

十六年庚寅　吳逢昌　上管人恩貢

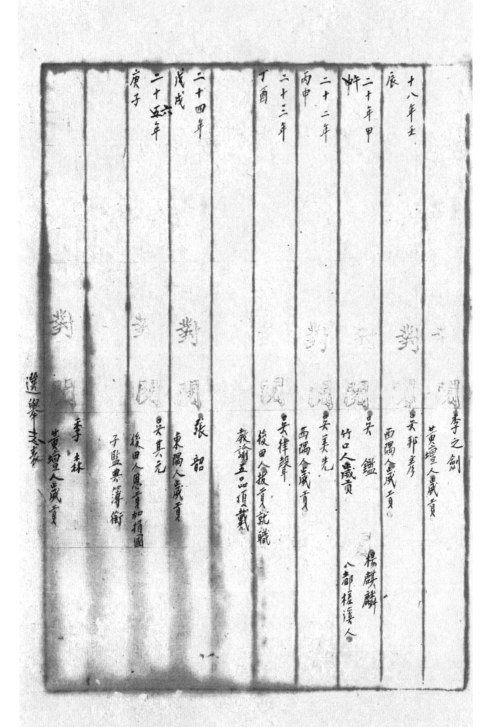

十八年壬辰	季之劍 黄壇人歲貢
	吴邦彥 西隅人歲貢
二十年甲午	吴鑑 竹口人歲貢　楊麒麟 八都槎溪人
二十二年丙申	吴美先 西隅人歲貢
二十三年丁酉	吴律聲 竣田人拔貢就職
	教諭五品頂戴
二十四年戊戌	張韶 東隅人歲貢
二十六年庚子	吴其元 竣田人恩貢加捐國
	子監典簿銜
	季森 黄壇人歲貢

選舉志表

二十八年壬寅	姚淦	後田人寄居衢州歲貢
三十年甲辰	吳紹文	上管人歲貢就職訓導
三十二年丙午	姚其昌	後田人第一名歲貢
	吳彥陞	字鶴亭二都人第二名歲貢 案是年奉文以丙午科起遞增一名故自是年及三十四年有兩歲貢乃特例
三十四年戊申	吳淦	東隅人第一名歲

貢就職訓導五品
頂戴
吳有書
西隅人第二名歲貢

宣統元年己酉
胡德明
二都人第一名拔貢就
職直隸州州判簽分
安徽候補
吳達祥
西隅人第二名拔貢就
職直隸州州判簽分
安徽候補
案是年有二拔貢亦
是特例

二年庚戌
李含馨
十二都姚村人第一名恩
貢辛亥年充任城鎮
鄉自治議長民國八
年黃道尹慶瀾題
贈耄年樂善匾表

其屆十年省議會
初選當選人
姚　庚
東陽人第二名恩貢
葉增封
二都人寄居麗水
第一名歲貢
吳逢源
西隅人第二名歲
貢
案是年有兩恩
貢兩歲貢亦特例
以庚戌科止

清

保舉 議敘附

年分無考	姚　鐸	後田人廩貢生瑞安縣教諭隨征閩臺以軍功擢升江西瑞金縣知縣
年分無考	李　炳	黃壇人廩貢生考取國子監肄業期滿選授西安訓導
道光九年	姚　鸞	東陽人增生巡撫劉以尚義輸捐題請議敘州州判職銜
咸豐八年	姚　昌	東陽人邑庠生防堵出力保舉六品銜據舊采訪補
同治五年	姚　冠	東陽人附貢生浙省肅清案内保舉以訓導選用
	吴文淵	大濟人附貢生浙省肅清案内保舉以訓導選用七年處郡　文廟捐輸　知府清安贈以崇文急公匾額
	張慶堂	東陽人監生浙省肅清案内保舉以從九選用

對閲 余茂椿 大濟人例貢生浙省肅清案內保舉以從九選用

對閲 吳家祥 後田人浙省肅清案內保舉以從九選用

對閲 姚逢槐 後田人浙省肅清案內保舉以從九選用

對閲 姚逢吕 後田人廪貢生試用訓導歷署仙居長興訓導浙省肅清案內保舉得缺後以應升之缺升用七年岱山齋匪案內保加五品銜

七

對閲 姚文壇 東陽人增貢生試用訓導署分水訓導岱山齋匪案內保加布理問銜

對閲 李之香 東陽人監生岱山齋匪案內保舉布理問銜

對閲 姚克友 後田人候選從九品岱山齋匪案內保以縣丞升用並加六品銜

對閲 吳希敏 西陽人八品軍功岱山齋匪案內保舉拔補把總據李翰章奏疏補（吳希敏據李翰章奏疏）

右保舉惟姚昌鎔據舊冊采訪補登餘悉照舊志彙列

宋太宗淳化朝尚有吳、澤一人初為鄜州司理參軍淳化中詔拜征西將軍以邊功拜驃騎大將軍食邑二千八百户賜紫金魚袋

附表

宋

武職

吳澤 初為鄜軍司理參軍宋太宗淳化中詔拜征西將軍以邊功拜驃騎大將軍食邑二千八百戶賜紫金魚袋

對閱 對閱 對閱 對閱 對閱

選舉志

選舉表

附表

元

武職　　援例

葉國英　北門人義兵萬户有傳　　無考

姚桂　處州管軍守禦萬户

葉德善　北門人處州衛千户

姚坤　平陽衛中所千户

葉德新　義兵萬户

選舉志附表

姚彥安 義兵千戶有傳

姚垠 陽和衛副千戶

吳求 上管人本府本衛鎮撫

吳繼廷 西隅人指揮

明

武職

楊呂 竹口人撫按千總

周仲章 蓬塘人處州千總

吳公轍 上管人處州衛指揮

吳之琮 上管人建寧守備未任卒

援例 貢監附

吳叔定 西隅人候選主簿

吳斅 上管人河南修武縣縣丞

吳舟和 江南鎮江衛知事

吳廷拱 上管人安徽池州府知事

對閱

季勝宋 黄壇人歷任浦城千總據崔白采訪補

對閱

吴文潤 底墅人福州鎮東衛經歷

姚啟善 後田人湖南寧鄉縣主簿

吴思謨 上管人江西吉安縣典史

葉忠 江西東鄉縣縣丞

吴思謙 上管人江南鎮江府照磨

姚大齡 後田人江南靖江縣縣丞有傳

吴起英 下管人瞿塘衛參軍

吴登名 西隅人昕朋府經歷

倪養謙 洋良人四川成都府護軍經歷

楊應元 八都人縣丞銜

吴起鳳　下管人廣東肇慶府照磨

姚守善　上倉人經歷銜

姚國珊　上倉人鎮江衛經歷

葉常秀　水門人照磨銜

葉自舉　後田人陝西同官縣典史

周良銘　西隅人候選典史

周郁　周墩人徐州衛經歷

吴衍慶　上管人湖廣光化縣典史

周郭　周墩人陝西行都司經歷

葉春茂　後田人大理衛經歷

葉春光	後田人湖南湘陰縣縣丞
葉春美	後田人由吏目陞山西太原衛經歷
葉春榮	後田人晋安衛經歷
葉應瑤	西隅人河南唐府經歷
吳鼎銓	下營人廣東從化縣巡檢
吳睿江	西隅人温州府倉大使
姚一麟	上倉人經歷銜
吳泰階	西隅人陝甘潼關經歷
姚家棟	後田人廣東南雄府保昌縣丞有傳
吳得壽	西隅人廪貢生由主簿陞樂清教諭

吴仲春 底墅人福建歸化縣巡檢

吴怡 西隅人安徽無為州吏目捐陞州同

吴叙原 西隅人江南山陽縣主簿

吴儒 下管人鴻臚寺序班有傳

吴穆 西隅人候補按察司經歷

葉芳嘉 長蘆鹽運司經歷

葉銘 後田人雲南都司正斷事

吴俸 下管人廣東瓊州府通判有傳

吴承教 上管人廣東按察司經歷

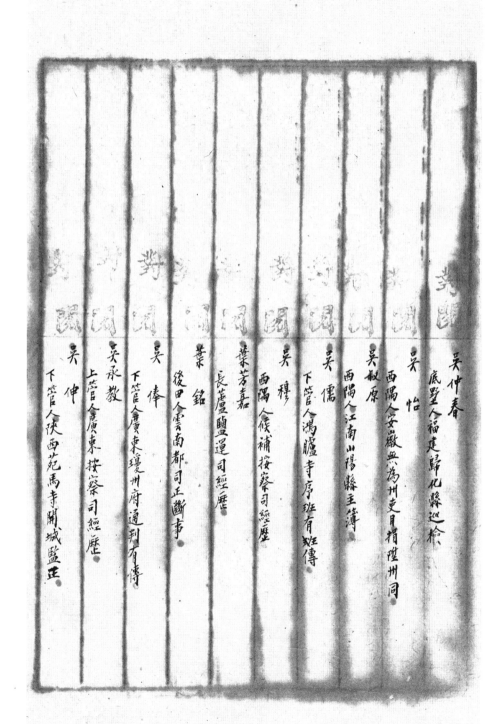

吴伸 下管人陝西苑馬寺開城監正

張孔正
吳思讓
葉初華
吳澳
吳思訓
葉春奇
葉成章 後田人
吳登朝
葉長芳 水門人
葉自章 後田人
遂峯志表

陳拱暘 東隅人

吳逢熙 杭橋人

趙應宣 西隅人

吳登嘉 西隅人

周時惠 周墩人

吳承明 西隅人

姚運泰 後田人

周言揚 西隅人

吳邦允 杭橋人

吳道嵩 后街人

葉自立　後田人直隸天津右衛經歷

葉採洪（養）　西隅人福建將樂縣主簿

吳承亮　上倉人江南太倉州吏目

吳言儒　西隅人安徽壽州衛經歷

周徹　周墩人大寧都司經歷

吳絢　杭橋人鴻臚寺序班

吳南明　下管人黃岡縣縣丞有傳

吳鳳起　西隅人福建順昌縣縣丞

葉表盛　後田人四川蓬州吏目

葉春錡　後田人山西懷仁縣典史

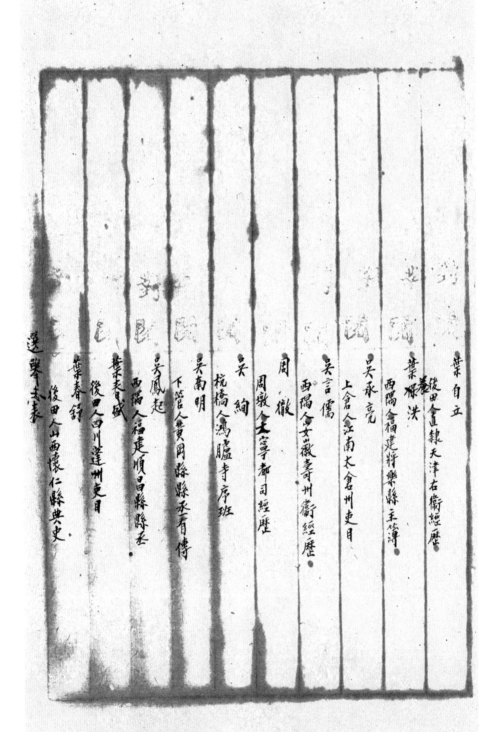

選舉志表

吴邦度

練閎

吴堂

周德澤 西隅人

姚佩

葉世傳

姚守謙

姚啓謨 上倉人

葉廷穫

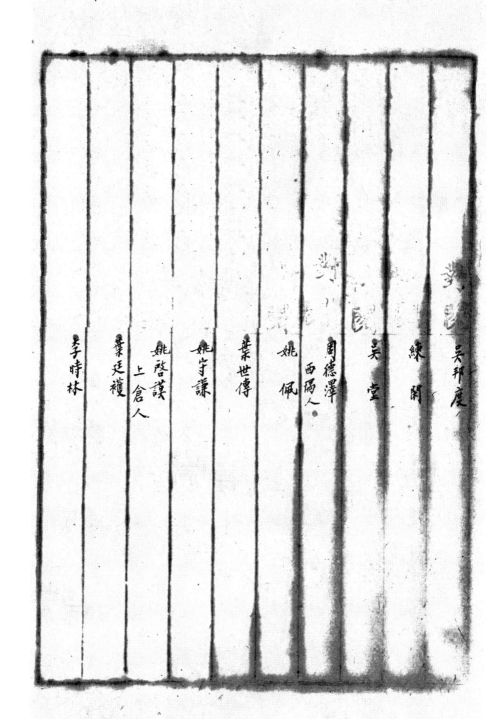

李時林

葉常脩 水門人

鮑顯奇 上漈人

吴晉侯 下管人

吴榮先 下管人

周調鼎

劉大用 周墩人

周攀龍 後田人

以上三十七人舊志列援例職銜未詳姑闕之今仍舊志

右援例均照舊志彙列

明貢監

吴克義 西隅人

選舉志表

周奎 西隅人

葉秀 後田人

周堂

吴叔京 西隅人

吴永宣 西隅人

吴應求 下管人

吴逢點 杭橋人

吴化 下管人

葉三陽

吴晚 杭橋人

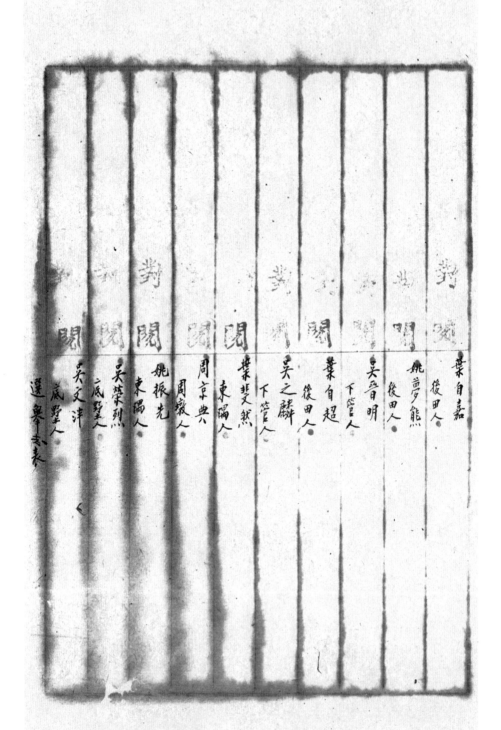

葉自嘉 後田人
姚夢熊 後田人
吳晉明 下管人
葉自超 後田人
吳之麟 下管人
葉斐然 東隅人
周京典 周墩人
姚振先 東隅人
吳榮烈 底墅人
吳文沣 底墅人

以上優例貢合仍照舊志列入

清

武職

吴陳仁 陳村人延平副將有傳

吴握瑜 陳村人汀州守備有傳

吴詔功 義兵殉難有傳

葉伏祖 北門人衢州都司

吴壽男 上莅口人義兵守備隨軍剿敵陣亡卹 贈武德將軍有傳

吴新明 後田人義兵附貢守常山

吴肅常 陳村人處鎮標下外委駐本縣

援例 貢監附

吴懋莊 上莅口人山東海豐縣典史

李煒 西隅人南寧府照磨有傳

吴銓臣 州同銜

姚軾 後田人州同銜

姚轍 後田人州同銜

何金鼎 張地人縣丞銜

吴恩源 [illegible]人州同銜

吴[illegible]源 [illegible]人州同銜

吳文鑑 西隅人義兵千戶陣亡

李茂 處協標下千總駐防本縣

吳爾賓 參將鎮守陜西陽平關

吳三杞 西隅人常山遊擊

吳千尋 西隅人劄付同知

王殿桂 竹口人興化守備

王奇郎 上源人汀州守備

李國齊 黃壇人浦城千總

吳嬰提 上管人由蔭龍衣世職署貴州衛千總補溫州衛千總

吳明英 下管人縣丞銜

吳煥祖 黃坑人縣丞銜

周廷顯 仙莊人縣丞銜

姚汝霖 後田人縣丞銜

姚廷芬 後田人縣丞銜

姚崇恩 後田人授甘肅河州州判

姚承恩 後田人州同銜加二級

吳上桂 底墅人

姚玉珣 上倉人

陳孝先 上倉人

吴芬 上管人嘉慶二十四年己卯舉人任嚴州協把總拔全華協千總

吴廷標 西隅人襲恩騎尉世職補授嚴州協千總同治間隨軍剿匪陣亡有傳

姚時澍 後田人都司銜

吴登墀 黄坑人守備銜

吴奠恩 浦潭人衛千總銜

吴際唐 荷地人千總銜

李步鰲 五都人前署本汛外委

姚時繹 後田人都司銜

潘世珍

吴顯爵 後田人

季學鼎 西隅人

葉國鎮 後田人

姚又虞 上倉人

許景源 北門人

周宗紳 楚宅人

吴啟燦 江根人

周承烈 上倉人

葉祖蔭 後田人

選舉表

以下全擬抄

吳德恩 蒲潭人衛千總銜

吳希敏 城西人拔補把總

姚時戚 後田人都司銜

以上舊志

吳自郜 西隅人五品銜保舉嚴州協外委太平軍之役隨父廷標全弟自邠陣亡俱祀忠義

吳守義 西隅人五品頂戴儘先拔補把總援建南三河汎外委

吳琴芳 上管人浙江撫標外委拔補把總

楊玉麟 槎溪人千總銜

沈起 上沈人

吳起元 後田人

吳一椿 底墅人

趙文泮 以上十七名今仍照舊白志彙列職未詳

姚蕃 後田人廩貢生授仁和訓導

姚醰 東隅人湖南郴州文明司巡檢

李達泰 黄壇人按照磨銜

吳傳心 後田人分發福建縣丞

丁汝良 中村人縣丞銜

吳際雍 荷地人州同銜

楊寶麟 槎溪人千總銜

楊際登 槎溪人浙江第一標營左隊正兵從戎清宣統三年八月奉命光復杭州陣亡都督朱瑞給予卹金貳百元年撫卹拾元以民國十八年爲限嗣子楊友森

吳逢彪 城西人五品軍功

吳得彪 城西人五品軍功

吳繼藩 城西人司務長陸軍尉

胡德修 竹坪人五品軍功

胡德馨 竹坪人六品軍功

吳淋 上芷邑人衛千總銜

贊 七都生水塘人千總銜例捐州同

裕 六品軍功

以上舊志采訪

李斌 桃坑人縣丞銜

姚逢治 後田人翰林院孔目銜

吳步熙 蒲潭人州同銜

余茂淋 大濟人翰林院孔目銜

姚逢寶 後田人中書科中書銜

姚逢清 後田人監生銓選用縣丞

周鴻逵 東隅人按照磨銜

姚文坊 東隅人分發福建從九品

以上舊志

吳美選 東隅人縣丞銜

選舉年表

七都張地人民國五
麟年充浙軍第一師
一保隍部步兵第一團
第二營第五連步尉連

仝柳

陞

民國

關一鶴　十二都大澤人黃浦中央軍事政治學校見習官國民革命軍第一軍第十四師迫擊砲隊排長畢業學校見畢業生

關一飛　十二都大澤人陸軍教導第一師司令部募兵處駐甌募兵總局副主任畢業學校見畢業生

胡睦修　二都竹坪人現任國民革命軍第三師第七旅十三團步校戰術主任（現陞十五團團附）畢業學校見畢業生

王兆圖　十一都上源人民國十六年充鎮江區要塞司令部掩護大隊第一分隊隊長十七年升調司令部步校經理處長十

吳蔚文　東隅人按照磨銜

吳廷忠　西隅人縣丞擬五品銜

姚憲經　後田人縣丞銜

吳淇慶　後田人附貢生加縣丞銜

吳金聲　後田人廩貢授義烏訓導

姚　著　後田人縣丞銜

吳肇洲　東隅人獎加五品頂戴候選鹽運司知事

自治研究所優等畢業　見畢業生

李之瀛　黃壇人縣丞銜

吳美鍾　八都樣溪人縣丞銜

興 後田人民國六年充

區保衛團團總

八年蘇州市政府公安局南區署長

畢業學校見畢業生

蔡允中 十都中濟人清優行增生民國八年

充北區保衛團團總

吳孝元 八都槎溪人國民革命軍第二十八軍 師

第一團第一營第 連 等兵

於民國十六年十一月在江蘇宿

遷東北門外作戰陣亡奉軍政

部給予銜撫卹洽元嗣子吳友

光

姚虞 後田人民國十七年國民革命軍江

蘇鎮江要塞司令部掩護隊大隊部中

尉副官

以上新采訪

黃筠芳 六都坑里人縣丞銜

楊懋時 八都槎溪人由監生加捐五品銜

楊懋園 八都槎溪人由監生加捐五品銜

周建岐 七都后坳人例捐守備銜

吳步輿 後田人郡庠生加六品銜

葉福聲 七都桃坑人縣丞銜

吳鳳飛 上都楊家樓人按察司知事銜候補經歷

以上舊采訪

清貢監

姚兆勝 後田人附貢

選舉六表

王朝燦 根竹山人例貢

李煐 黄壇人附貢

李燻 黄壇人附貢

姚洙 後田人附貢

姚涵 後田人例貢

姚脩 東陽人例貢

張秀挺 東陽人廩貢

李應坡 東陽人附貢

葉時郎 附監

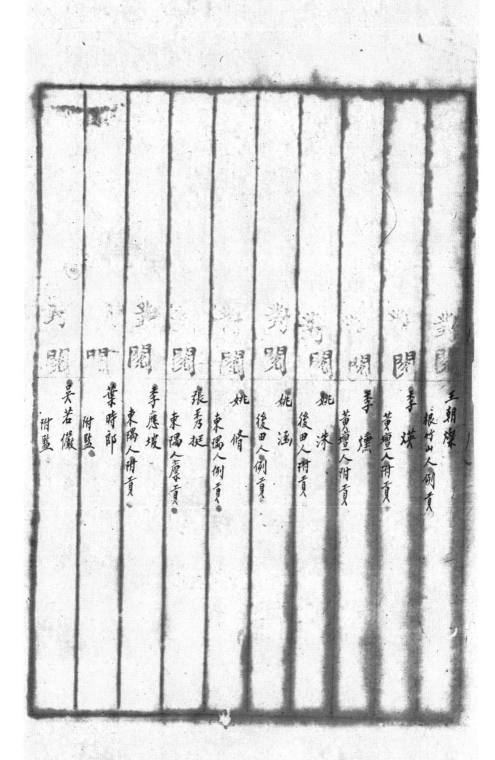

吴若儼 附監

閱　李鍾聲　西隅人附監

閱　吳玹　附監

閱　吳松年　下管人附監

閱　李錞聲　西隅人附監

閱　何玉瑞　張地人附監

閱　吳新銓　竹口人附監

閱　吳繼昌　西隅人附監

閱　吳臻　竹口人附監

閱　吳德唐　下管人附監

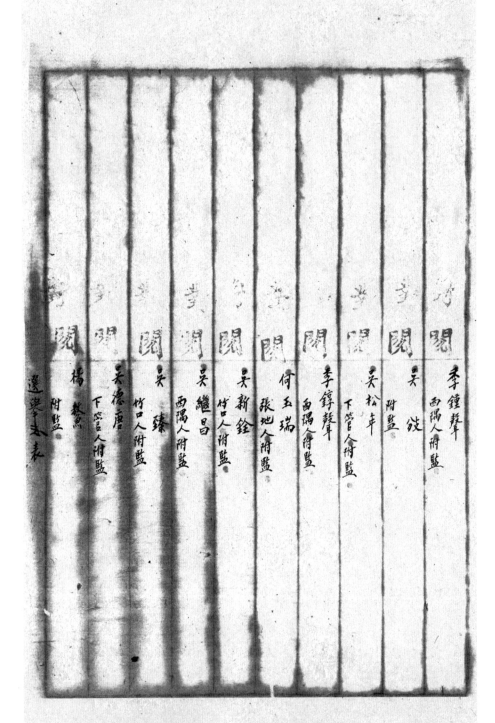

閱　楊敎熏　附監

對閱 吴安泉 上管人附監

對閱 陳廷獻 黄泥湯人附監

對閱 何金鑾 張地人附監

對閱 周桂攀 山頭龍石人例貢知府瑞贈以義同輸粟額知縣呂懋榮贈以積厚流光額

對閱 李鑑 黄壇人例貢知縣舒達贈以望重儒林呂懋榮贈以功成利濟匾額

對閱 吴森 山頭龍石人例貢知府瑞贈以義同輸粟知縣蔡烜贈以忠厚傳家匾額

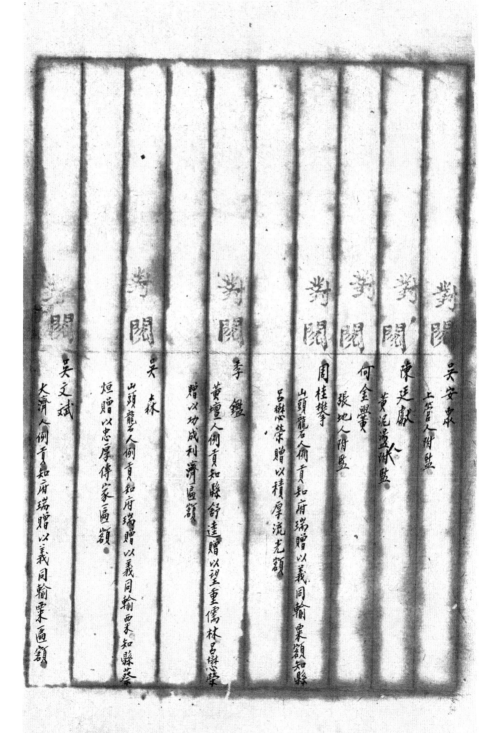

對閱 吴文斌 大濟人例貢知府瑞贈以義同輸粟匾額

丁思濂　中村人增貢

周之温　山頭龍砻人例貢

周之冕　仙莊人附貢

周渭　仙莊人附貢

吴成已　後田人附貢

葉鳳梧　齋郎人附貢

吴肇珍　荷地人例貢

范大成　新窑人例貢

李章　黄壇人附貢

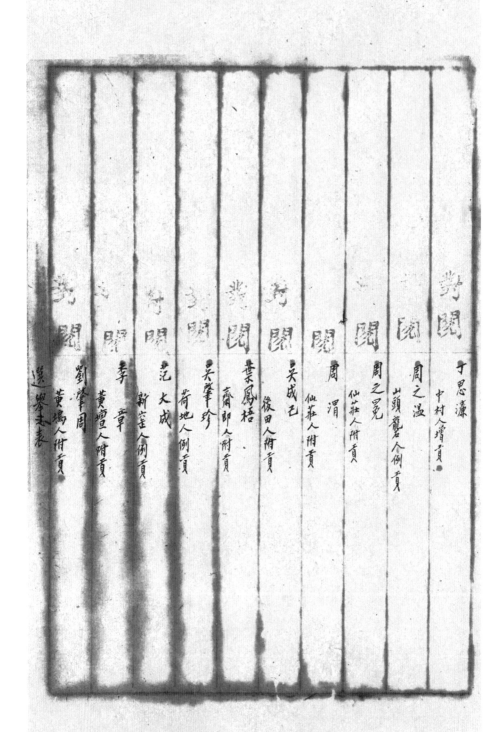

劉肇周　黄塢人附貢

吳銳 大濟人例貢

吳潆淋 荷地人附貢監

姚逢友 後田人附貢

范大章 新窑人例貢

周沣金 上莊人廩貢

葉見龍 齋郎人例貢

以上舊志

以下全抄

吳有杰 西隅人例貢

姚君錦 後田人例貢

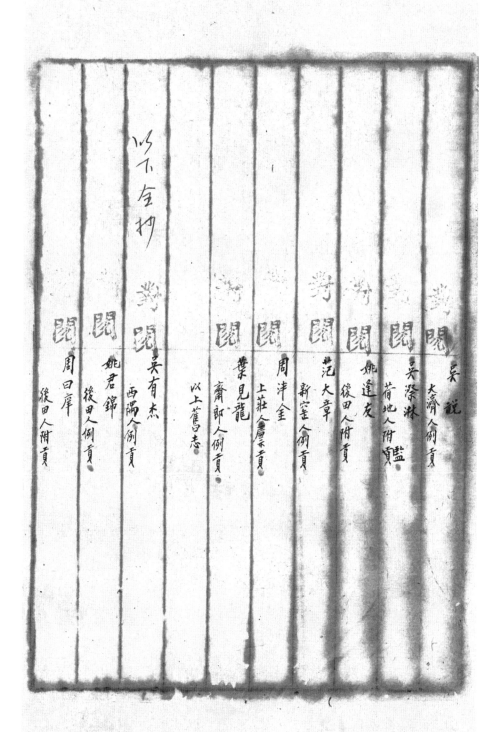

周曰庠 後田人附貢

吴紹灜 大濟人例貢

吴需聲 後田人附貢

吴芝芬 後田人例貢

何應奎 七都中村人例貢

吴有典 西隅人例貢

方桂攀 余村人廩貢

吴肇興 東隅人例貢

周憲章 東隅人附貢 上海民國法律學校畢業

吴逢時 西隅人附貢

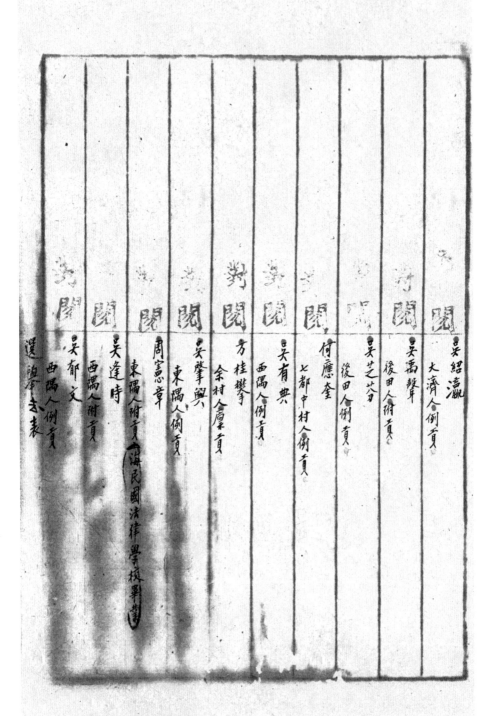

吴郁文 西隅人例貢

對 閱 范錫恩 余村人增貢

閱 吳樹元 官塘人廩貢

閱 周兆濂 嵐後人例貢

閱 周兆熊 嵐後人例貢

對 閱 嚴永揚 油山頭人例貢

王朝燦 根竹山人例貢 見前

以上廿人采訪

對 閱 姚襄 城東人增貢

閱 吳肇明 城東人例貢

閱 吳蓮熺 後田人例貢

新采訪

選舉志　封贈

唐

吳

琚　以孫源䞇贈昭武將軍。舊志失載，據玉田吳氏宗譜補。

選舉志　封贈

封贈

宋

吳崇煦 以子縠贈大理寺評事。

吳縠 以子桓贈丞事郎。

吳彥持 以子孝友贈丞事郎。

吳嶷 以子韡贈左朝議大夫。

吳世雄 以子淇贈迪功郎。

吳詢 以子巳之贈承事郎。

吳彥常 以子季賢贈成忠郎。

吳臣 以子平贈文林郎。

以上舊志

對閱

吳般 以子源封胎武將軍舊志失載據玉田吳氏宗譜補

舜聞

元

吴應麒 一都舉水人以孫
平馳贈文林郎

明

姚淞 以子珙封文林郎衛輝府通判

周大澄 以子鎮封河南布政司經歷

吴衍 以子在贈承務郎江西豐城縣巡檢

吴在 以子紀贈文林郎江西瑞金縣知縣

夏達 以子懋封南京留守司經歷

吴志伊 以子衍可贈脩職郎建陽縣教諭

葉珠 以子自立贈徵仕郎直隸天津右衛經歷

吴蔡堯 以子希黙贈文林郎廣東惠來縣知縣

以上舊志

吴江 以孫仲信贈承事郎泉州通判 新采訪

對閱　對閱　對閱　對閱　對閱　刪去

吳均以子仲信贈承事郎泉州通判

吳休以子晏贈修職郎山東東平州訓導

吳懋以子達封承事郎湖州鎮江知縣

吳志恩以孫新明馳贈武功將軍江西廣信府協臺

吳守遠以子新明贈武功將軍江西廣信府協臺

以上五人均據玉田吳氏宗譜補

吳江一都舉水人以孫仲信馳贈承事郎

吳惟俊一都舉水人以子直贈晉江縣佐新采訪

以上二人據新采訪補

清

姚軾　以曾孫梁貤贈通議大夫江西按察使司按察使

姚大霦　以孫梁贈通議大夫江西按察使司按察使

姚必時　以子梁贈通議大夫江西按察使司按察使

季上璣　以子炳贈脩職佐郎西安縣訓導

吴文衆　以孫芬貤贈武信騎尉金華協千總

吴匡世　以子芬贈武信騎尉金華協千總

姚又輝　以孫鈞培貤贈徵仕郎湖南靖州直隸州州判

姚駒　以子鈞培贈徵仕郎湖南靖州直隸州州判

姚達聲　以孫時澍貤封誥武都尉都司銜

姚甫昌 以子時澍封誥武都尉都司銜

姚律成 以子蕃贈修職佐郎仁和縣訓導

吳為光 一都舉水人增廣生以孫先經馳贈修職郎

吳象豫 一都舉水人例授廸功郎以子先經晉贈修職郎

吳家齊 以子淇慶贈修職郎

姚廷銓 以子蕙經贈修職郎

吳永定 以孫炳文馳贈文林郎寧波府學教授

吳錫貴 以子炳文贈文林郎寧波府學教授

吳其睿 以子金聲贈修職佐郎義烏學訓導

吳其中 以子律聲贈修職郎候選教諭

以上舊志

楊全戶　以孫麒麟貤贈武德騎尉

楊居養　以子麒麟贈武德騎尉

吳熙文　以胞姪淦貤封修職郎佐就職訓導

吳銑文　以子肇洲貤贈修佐郎候選鹽運司知事

姚樹萱　以子昌貤贈武畧佐騎尉

吳　浩　以孫廷忠貤贈修職郎候選縣丞

吳美鵬　以子廷忠誥封修職郎候選縣丞

吳美煥　以孫逢祥貤贈徵仕郎安徽候補直隸州州判

吳廷釗　以子逢祥贈徵仕郎安徽候補直隸州州判

吳豐金　以子鳳飛贈徵仕郎例授按察司經歷

對閱

胡承箕 以孫德明貤贈徵仕郎
安徽候補直隸州州判

胡紹虞 以子德明贈徵仕郎安
徽候補直隸州州判

以上舊新采訪

蔭龍衣

宋

吴世美　以父昇授相仕郎。

吴孝立　以父翊蔭歷官海鹽縣事。

吴彥舉　以舅季丞授盧城尉。

吴　蒙　以外祖奉奏補將仕郎。

以上舊志

選舉志　蔭　龍衣

明

姚桂 襲父彦安蔭授千户

葉員貞 襲父德新蔭授萬户

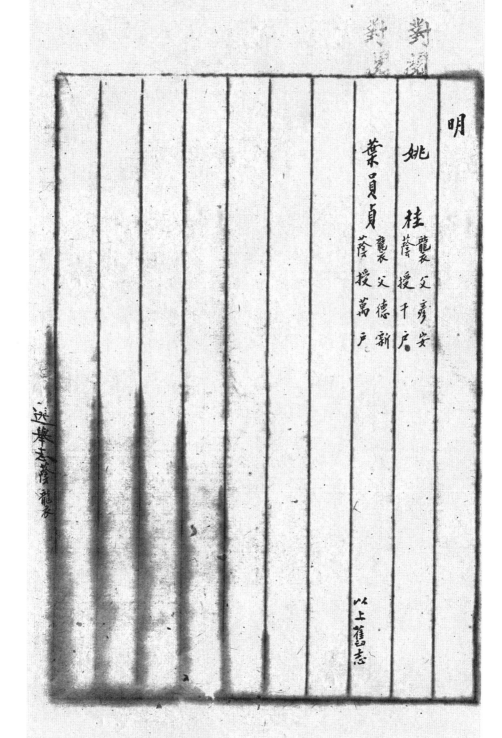

以上舊志

清

吴顯宗 以父詔功殉難蔭衛千總

吴嬰捷 以兄壽男殉難蔭衛千總

吴鳴豫 以祖詔功蔭授千總

吴何廩 以祖壽男襲恩騎尉

吴豐榮 以祖詔功蔭授千總

吴履祥 以祖壽男襲恩騎尉

吴廷標 以祖壽男襲恩騎尉

以上舊志

選舉志蔭襲

襲蔭

吴桂茂以祖壽男襲恩騎尉

吴鴻恩以祖壽男襲恩騎尉

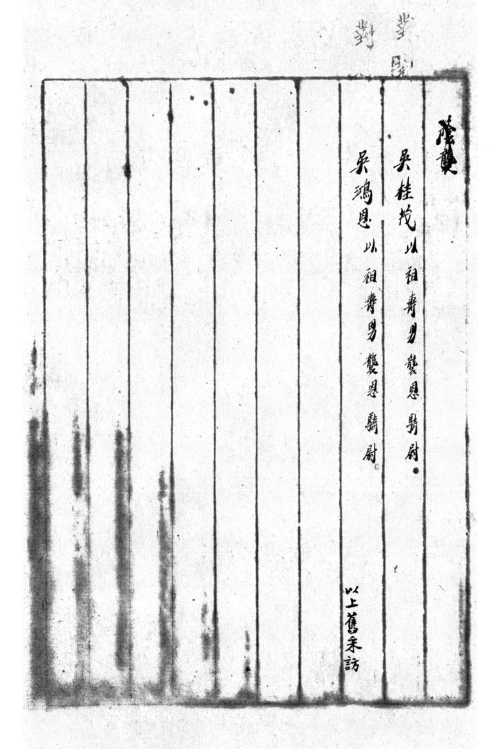

以上舊采訪

選舉志

卷拾

耆介 老人附

畢業生

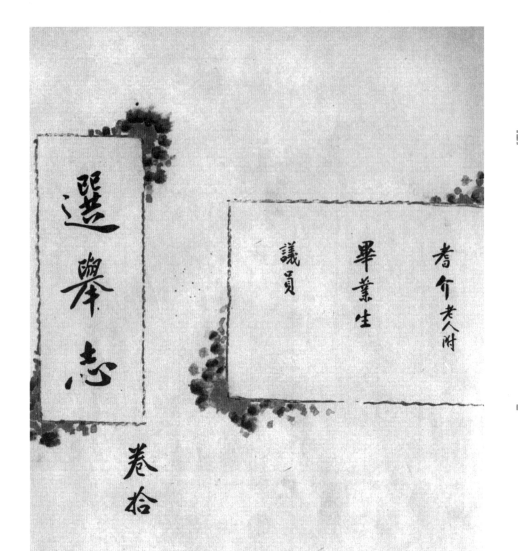

議員

閱 鄉

耆介 老人附

鄉飲之禮自古有之蓋以耆介老人原稱人瑞

慶雖僻處山陬而亦代不乏人官斯土者既以

禮教為急自當備列明風世舊志既就其有可

考者核而載之今亦仍本此旨凡信而有徵者

爰亦賡而續之俾為善者知自勵云

元

吳海 上管人鄉飲耆賓

明

成化年

吳馥新 一都舉水人鄉飲大賓 知縣余康贈以七十壽言 新采訪

清

康熙年

吳汝康 西陽人。知縣給以言正行方額　吳溫玉 上管人。知縣給以一鄉善士匾額

吳榮好 二都人。　吳榮本 三堆人。

吳榮德 滌下人。　吳成亮 車根人。

葉應亮 梁庶坑人。　吳世有 車根人。

周永春 池湖人。　葉日龍 賢良人。

葉日明 賢良人。　吳一椿 底墅人。

吳自選 底墅人。　吳元吉 底墅人。介賓

葉春標 東陽人。　吳元奎 底墅人。仝

選舉志 耆介

卯

葉喬秀 東陽人

吳世哲 后田人介賓有傳

蔡文華 竹口人刲股療親壽登九旬康熙間知縣薛喬昌以積德流光旌其門有傳見孝友

王繼滔 竹口人

王繼沂 竹口人

吳元徽 竹口人

田文孟 竹口人介賓

以上舊志

吳叔瑜 鄉飲耆賓知縣李容之贈以貽謀繼美額

胡士奇 東山後人清康熙十七年知縣李贈以[illegible]德邵壽永額

吳可庶 荷地人清康熙五十五年知縣王贈以四齒德優崇額

以上新采訪

雍正年

葉伯楠 賢良人

葉華吉 賢良人

葉一舉 賢良人

周來鳳 後田人

周良翰 後田人 介賓

周有尚 後田人

以上舊志

胡必孝 東山後人。清雍正三年知縣蔣曉以松筠祚茂額

以上新采访

乾隆年

吴維翰 城内人

閱 吴王眷 上管人，介賓，碩德望重。

吴上位 底墅人，監賓。

閱 吴金發 杭橋人。

吴象九 上管人，德著鄉鄰。

閱 吴王柱 上管人。

季學康 西陽人，介賓，有傳。

閱 吴廷舉 西陽人。

周大陵 埜宅人。

閱 練國紀 楊橋人。

練國化 楊橋人。

閱 姚詢 東陽人，忠厚傳家。

季上璧 黄壇人，介賓，慷慨好施，樂善不倦。歲饑首倡排糶，鄉里德之。

吴象豫 上管人，耆英，五代同堂，知縣以齒德兼優表之。舊志耆賓，擬迪功郎，縣令唐若瀛贈以齒德兼優表之。新采訪

吴居洲 下管人，醇厚足式。

閱 吴星海 黄皮人。

葉世亮賢良人持身謹厚　吳肅容陳村人端凝持己

姚伯耀五際下人樂善好義　范義蓋大巖人德懋鄉鄰目見五世

季天倫西隅人　吳運六底墅人忠厚傳家

黃高曾荷地人謹慎可嘉　胡嘉熊左溪人

楊承誥八都人　楊奕光八都人品行端方

葉鈍北門人　葉儼北門人見孝友

吳海上管人　吳顯上管人

吳佛匡上管人　葉輔北門人

葉九成北門人介賓　吳道成上管人

葉琳北門人　吳守達上管人

已改意慶 父不如此刪

胡懷鵬 左溪人	葉尚 北門人
吳邦慶 高住人	葉永豹 北門人
張世韓 黃沙人二都	吳自廳 高住人
張維康 黃沙人二都	胡文秀 左溪人
葉尚海 北門人	練明嘉 楊橋人
葉尚時 北門人	胡自品 左溪人
練繼恩 楊橋人	葉永化 北門人
練繼俸 楊橋人	練繼佐 楊橋人
沈思任 上沈人	吳承紀 二都人
吳榮義 底墅人	吳文海 底墅人

閱 吳文溢 底墅人

閱 劉增憐 岩坑人，舉鄉飲，縣尹贈匾曰望重賓筵

閱 吳抱初 大濟人 介賓

閱 劉士蒙 蛤湖人

閱 吳自賢 底墅人 介賓

閱 吳廷殷 下管人 介賓

閱 姚新伯 後田人

閱 葉琨 洋良人 例貢

閱 葉佛俊 洋良人 捐授縣丞

閱 葉邦達 東隅人 望重鄉評

閱 吳文渙 底墅人

閱 姚文宇 後田人 介賓

閱 吳珏運 下管人

閱 吳亮弟 漈下人

閱 姚元舉 後田人

閱 吳自鼎 底墅人

閱 練明鐘 楊橋人

閱 吳巘 上管人 碩德耆英

閱 葉崇安 洋良人 州同

閱 葉宗元 賢良人

閱 閱 閱 閱 閱 閱 閱 閱 閱 閱

吳南伯 上管人　閱 姚又經 東陽人言寔行樸

葉光厚 賢良人　閱 吳光暉 黃壇人誠寔卒眞

姚純熙 東陽人性端行樸　閱 吳懷煥 城南人知縣譚以一鄉稱善表之

姚廷恩 北門人誠實無偽　閱 吳其玉 黃皮人介實

楊何獻 八都人介實樂善好施惠周桑梓知縣鄭觀以惟善是寶獎之

吳玉鏡 五都人碩德耆英　閱 邵文元 品行端方知縣譚以望重鄉評嘉之

吳繼賢 竹口人渲直溫厚　閱 蔡朝璠 朱嶠人渲謹堪式

吳先權 上管人介實一鄉矜式　閱 吳先甲 上管人孝行克端

吳可球 從雄人一鄉善士　閱 李遇樑 姚村人知縣以望鄉評表之

楊思程 八都人溫厚和平　閱 余天寶 東陽人天性卒眞

邵

閲　閲　閲　閲　閲　閲　閲　閲　閲　閲

楊思伊　八都人忠厚正直　閲　蔡朝柱　柏渡閣人介實品行端方

林世侯　竹口人　閲　蔡見龍　朱塢人

許豪　竹口人知府額以古道克敦　閲　蔡仲龍　朱塢人誠寔渾厚

何楊奶　張地人　閲　許汝明　竹口人樂善不倦

練學廷　後田人介實品行端方　閲　葉旭祥　上淤人洛社耆英

胡芝都　竹坪人　閲　葉廷輝　五都人

張明頤　黄沙人德壽齊輝　閲　何國光　張地人謹厚堪稱

張恪忠　二都人介實品行端方　閲　周廷郘　城内人閭閻矜式

葉里榮　岩下人德壽並隆　閲　葉廷彦　五都人

吴廷清　蒋坑人渾厚和平　閲　吴念祖　上管人守正敦倫年高德邵

吴清佐 上管人言謹行篤

范邦仰 大岩人德孝業隆

吴繼孔 竹口人

吴天忠 上管人和睦鄉隣

吴理治 上管人品行端方

甘永慶 半路村人善良堪嘉

吴權英 底墅人温厚和平

張明裕 黄沙人古道照人

吴運鯉 底墅人士林矜式

周玉山 上莊人耆德可矜

何遠珍 張地人謹厚自愛

許汝拔 竹口人謹厚和平

吴義枚 荷地人

吴崑山 西隔人知縣李給以齒德偕尊匾額

季法商 西隔人

葉增芳 臺湖人介賓

胡道孟 左溪人知縣吴給以賓筵推望匾額

沈孟棟 湥鳥人知縣榮韶給予可以徵介頌

范連通 大岩人知縣給以齒列處賓

葉其蓁 上淤人知縣給以名重鄉里額

選舉志 耆介

范邦卿 大岩人。知縣給以質直可風額。

張式勝 黄沙人。目見五代。

蔡朝梧 下塢人。

何金轂 張地人。

蔡朝松 下塢人。

吴長達 山后坑人。知縣給以誠實可風額。

田穮 竹口人。

許廷星 山溪人。

胡運瑲 竹坪人。知縣給以望重賓筵額。

吴日辛 西川人。

吴光輝 二都人。知縣給以忠厚可風額。

葉光元 洋良人。

吴望烈 下管人。

何國馨

吴祥 黄坑人。

胡珍 吕源湖人。

胡道容 左溪人。知縣給以碩德耆英額。

葉一芃 五都人。知縣給以誠實可風額。

姚樹德 東隅人。監生。詳舉介賓，四代同堂。知縣楊炳奎贈以嵩德業隆額。

閱 閱 閱 閱 閱 閱 閱 閱 閱 閱

葉作榆 二都人知縣給以識賞可風額　吳坤平 下管人知縣給以品行端方額

練祖鶴 二都人知縣給以德隆鄉舉額　陳守楨 二都人知縣給以耆德兼優額

姚純熙 東隅人性仁厚精醫理四代同堂知縣楊炳奎贈以鄉國長春額

吳增遇 底墅人知縣給以九齡衍慶額　楊樹滋 八都人性樂善四代同堂壽踰八旬

吳望勳 下管人知縣給以德隆鄉舉額　吳東蒸 后田人介賓知縣給以品行端方額

吳安泰 陳村人　田嘉賓 竹口人介賓知縣給以德重介僎額

季溫 下淤人知縣給以韜謹可風額　姚文哲 東隅人知縣給以持躬謹恪額

吳耀朝 黃皮人　吳德修 上都人知縣湯給以質直可風盧額

葉美發 五都人知縣給以耆德兼隆額　周長高 知縣給以品行端方額

范星章 二都介賓知縣額以品學兼優　周錦城 城內人知縣給以純謹可風額

選舉志 耆介

卯

姚廷英 后田人介賓

季一清 隆宮人知縣給以老成持重額（儒學贈以望重鄉評）

何美鈞 張地介賓知縣額以品端德邵

周桂香 十都人介賓

李光林 五都人

楊履壬 八都人

李家塤 高山人

李家箎 高山人

吳日梁 蛤湖人

季錦 黃壇人知縣李給以齒德兼優匾額子廩生之劍亦有聲庠序

季庭 黃壇人知縣何贈以老成持重匾額

柳子羽 林後人

周承茂 林後人知[illegible]以令德壽萱額

范維裕 南洋人

季律 黃壇人儒學姚給以重望耆英匾額

王煥 東都人

吳儻 西隅人知縣萬給以望重鄉評匾額

季顯宗 三都人知縣呂給以忠厚傳家匾額

何樟 中村人知縣給以質直可風額

吴學歡 官塘人，清咸豐六年知縣陳贈曰含德壽世，儒學朱洪旌贈曰酌乎堂康　吴嘉儒 上都人，知縣劉給以碩德耆英匾額

吴景選 后田人　吴紹潘 隆宫人

吴邦濟 西隅人，知縣蔡額以品重圭璋　胡從善 呂源人

姚一潤 三都人，知縣給以品重圭璋額　周邦光 后田人，四代同堂

陳宗瀚 竹口人，知縣給以言坊行表額　黄永芳 后田人，知縣給以康慶堂祉額

范尚珠 八都人，知縣給以榮增閭閻額　葉維秬 洋良人，知縣給陳以養重膠庠匾額

吴景星 七都人，知縣林額以以介眉壽　吴恒新 九都人

許德霑 竹口人　吴樑 竹口人，知縣陳給以賓筵雅重匾額

吴繼全 三都人，知縣給以德隆望重額　吴應檀 西隅人，知縣給以盛世耆英匾額

范耀文 二都人，介賓　詹學蛟 西隅人，知縣葉給以德重賓筵匾額

姚芝顯　東隅人知縣給以術紹軒岐額　吳階　西隅人知縣鳳給以興賢裕後匾額

沈之灃　深烏人知縣給以齒德兼隆額　蔡朝柱　梅溪嶺人由監生舉報介賓　已見上

季應墺　黄壇人知縣給以品端望重額　周曰壽　上莊人知縣周賜以引年受祉匾額

吳先登　荷地人介賓　吳鯤　城內人

季作豪　七都人知縣給以名重德誼額　吳潤　七都人介賓知縣葉額以德重介僕

何其鈺　張地人　季茂清　白沙人

姚伯炳　三都人知縣贈以耆齡碩德額　周曰京　上莊人知縣李贈以醖厚可風匾額

沈一成　九都人　姚士彥　三都人介賓教諭額以形端表正

胡義選　嶺頭人知縣給以望重賓筵額　吳檀　東隅人

吳起飛　山溪人知縣給以秉嘉維則額　吳耀增　后田人知縣給以盛世耆德額

考舊志係之澧音禮今改作之灃音豐

未悉有所攷証否

季占彬 西隔人　劉朝達 蛤湖人

以上舊志

葉邦香 周墩人　周維寶 周墩人

劉光植 蛤湖人 知縣樂韶給以品行超羣額 黄煥給以耆能好善額

以上舊志補遺

吳貫齡 后田人 介賓 壽八十有一

吳紹齡 后田人 邑庠生 壽七十有六

胡應愷 東山后人 清乾隆二十五年 邑侯陳賜匾曰德壽齊高

胡應東 東山后人 清乾隆二十五年 邑侯陳賜匾曰碩德耆年

以上新采訪

范義蓋 三都大岩人，壽八十，清知縣闕學優贈以「目見五世」匾額，訓導胡曾肇贈以聯語云：「堂延五代，子有子，孫復有孫；仰看恩綸，秉奕世衆遊；百齡名奇，名道奇可道，共稱頌德象三光。」

嘉慶年

吳元泰 后田人，壽七十有七。

吳炳辰 后田人，壽七十有七。

吳勸 八都下斜人，邑庠生，壽七十有六。

吳顯泰 后田人，壽七十有五。

吳元瀚 后田人，邑庠生，壽七十有一。

吳顯袍 后田人，壽七十有一。

吳炳奎 后田人，壽七十。

胡承貴 東山後人，清嘉慶十二年邑知縣劉賜匾曰「耆範維風」。

葉起九 桃坑村人，清嘉慶十五年邑知縣黎賜匾曰「年高德邵」。

吳正桂 江很村人，清嘉慶二十五年邑知縣孫賜匾曰「盛世耆年」。

以上新采訪

選舉志 耆介

對閱

對閱

校對

重出○陵

可刪

志非譜比不能以此之詳略確

可刪

道光年

周啟邠 后坳人清武生，道光七旬，清道光年知縣蔣贈以德厚流光匾額，七十五歲終

吳先中 耆賓例贈迪功郎邑知候黃公贈以孝友克端

吳鎧 八都下斜人，壽七十有三

陳守禎 守則友黃岡人，邑庠生，前清鄉飲介賓，為陳書陳綸之父，廪膳生陳鍾靈、邑武生陳蘊靈、監生陳耀靈、庠生陳錫周、陳錫祺、邑武生陳錫賡、陳錫圭、邑庠生陳錫疇之祖父，增廣生陳應方、邑庠生陳應元、陳佐高之曾祖也。享壽八十有二，邑候黃以閭里望重四字贈之，處郡總鎮福以福壽兼隆匾額褒之，歲進士葉梁於同治四年贈以經營產業獨先難，備歷艱辛盡百端，排難解紛鄉里重，光前裕後室家完，義方訓子曾遊泮，年越古稀不見官，已荷學師同舉薦，明倫筵上壯觀瞻七言律詩贊之

以上新采訪

選舉志 耆賓

對闕

咸豐年

吳東鎧 后田人。太學生

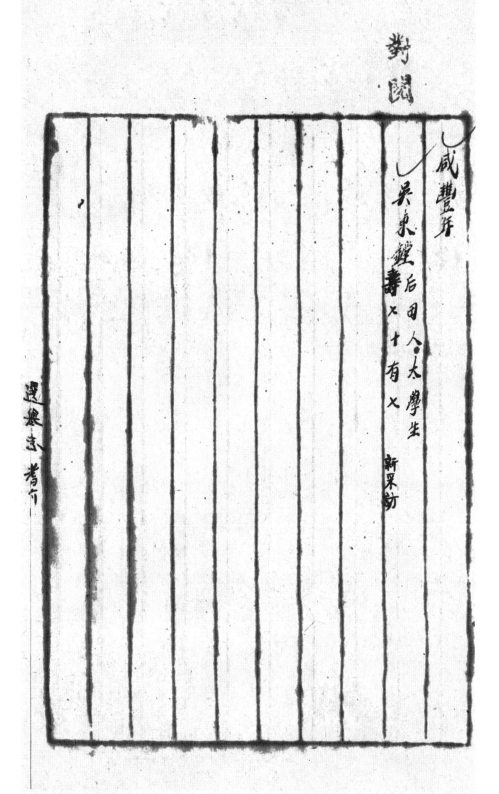

壽七十有七 新采訪

同治年

吳儒通 廩田人壽七十有八 闕 吳光熾 廩田人吏員壽七十有七

吳儒統 廩田人壽七十有四 闕 吳登泰 廩田人壽七十有四 新採訪

周文明 久任洋人年八十五歲卒清同治年知縣彭贈以遐齡碩德匾額懸掛周氏祠內

周正桓 東陽人壽逾七旬鄉舉耆賓清同治年知縣陳同恩以忠厚家風表之

以上新採訪

光緒年

吳叔玫 遂源里人 鄉飲耆賓　吳長琪 遂源里人 鄉飲耆賓

吳俊賜 遂源里人 鄉飲耆賓　吳奇學 遂源里人 鄉飲耆賓

吳國綬 遂源里人 鄉飲耆賓　吳朝翔 遂源里人 鄉飲耆賓

吳愛春 遂源里人 鄉飲耆賓　吳爲光 遂源里人 清增廣生鄉飲大賓

吳惟俊 遂源里人 鄉飲耆賓　吳德遴 遂源里人 鄉飲耆賓

吳蔡洪 遂源里人 鄉飲大賓　吳海 遂源里人 耆賓 例授迪功郎

吳金 遂源里人 鄉飲耆賓　吳一珍 遂源里人 清庠生 年八十四歲歿

吳懷德 遂源里人 清監生 年七十八歲 知縣令王壽頤贈以德垂隆裕

吳懷樹 遂源里人 年七十三歲歿 知縣令涂道康贈以德厚流光

選舉志 耆介

吴鷄 逢源里人清恩貢 生年八十九歲殁
吴智順 逢源里人年八十八歲殁
吴静衆 逢源里人年八十六歲殁
吴向東 逢源里人年八十四歲
吴子培 逢源里人年八十四歲殁
吴鳳儀 逢源里人年清武 生年八十一歲
吴新泰 逢源里人年七十八歲
吴文泰 逢源里人年七十七歲
吴通道 逢源里人年七十七歲
吴永良 逢源里人年七十六歲
吴向秉 逢源里人年七十六歲殁
吴泮中 逢源里人年清監生 七十五歲
吴興林 逢源里人年七十五歲
吴庚富 逢源里人年七十五歲
吴泉希 逢源里人年七十四歲
吴陳錫 逢源里人年七十四歲
吴昇東 逢源里人年七十四歲
吴向玄 逢源里人年七十三歲

吳忠報 逢源里人年七十三歲

吳馨 逢源里人清監生 年七十二歲段

吳冠林 逢源里人年七十二歲

吳珣 逢源里人年七十二歲段

黃永熙 逢源里人年七十一歲

余乃練 逢源里人年七十一歲

吳慶緒 逢源里人年七十一歲

吳福言 逢源里人年七十歲

吳作衆 逢源里人年七十歲

吳正禮 逢源里人年七十歲

吳正棟 逢源里人年七十歲

吳恒士 逢源里人年七十歲

吳豐來 楊蔭聯合村人年七十七歲

吳光耀 楊蔭聯合村人清耆賓 年七十九歲段

吳豐全 楊蔭聯合村人清耆賓 年七十四歲段

吳長魁 包黃聯合村人 年八十六歲段

吳長秀 包黃聯合村人 年七十八歲

吳增奎 包黃聯合村人 年七十四歲段

吳長沐 包黃聯合村人 年七十三歲段

選舉志 耆賓

金抄

吴有得　邑黄聯合村人，年七十三歲殁。

吴長壽　邑黄聯合村人，年七十一歲殁。

吴長遠　邑黄聯合村人，年七十一歲殁。

吴增言　邑黄聯合村人，年六十九歲殁。

吴耀群　邑黄聯合村人，年六十七歲殁。

葉信掌　邑華聯合村人，年八十三歲殁。

姚煥然　東隅人，從九品，壽臻九旬，堂聯四代，儒學鄭陞贈以康强受祉扁額。

吴林　西隅人，佾生，壽逾七旬，儒學鄭陞詳舉介賓，贈以望重賓筵額。

吴邦樹　西隅人，監生，壽逾八旬，四代同堂。

黄正豐　東隅人，從九品，壽逾七旬。

姚升仁　東隅人，壽逾七旬，教諭陸贈以忠厚延年額。

楊逢昌　八都人，監生，壽逾七旬，詳舉介賓，儒學陸贈以馨著賓筵額，知縣沈贈以積厚流光。

楊鳳律　八都人，壽逾七旬，堂聯四代，知縣吴嶔、教諭陸壽民以望重鄉閭、望重賓筵疊獎。

全抄

范宜冠 余村人教諭陸壽民以髦耆賓筵獎之

周必立 長龍名人壽逾七旬儒學以福壽齊臻獎之

吳權焯 五都底村人由監生舉報介賓教諭陸壽民訓導鄭安允贈以望重鄉評額

吳維有 黄坑人監生年逾七旬知縣梁贈以厚德載福額七十三歲終

吳步洲 黄坑人監生壽逾六旬知縣梁贈以質直好義額六十八歲終

何紹先 張地人清庠生知縣何贈以孝友可風額七十歲終

夏文奎 嶺墈人年逾六旬知縣何贈以望重鄉閭額六十九歲終

何汝舟 張地人清庠生壽逾七旬知縣何贈以望重鄉閭額卒年七十三歲

謝步青 張家嶺人清庠生謹厚持躬品學兼優舉年六十一歲

吳家鵠 后田人監賓急公好義

選舉志 耆介

吳成傑 後田人庠生詳報介賓壽逾古稀目見四代

余榮森 後田人庠生介賓壽逾七旬篤行有傳

吳庚辰 後田人監賓正直性真素嗜施與

姚深恩 後田人職員介賓古體自持善舉樂助

吳式型 後田人監賓望重鄉評慷慨輸捐

吳家祥 後田人職員介賓賦性豪爽尚義輕財

姚懷恩 後田人耆賓謹厚持躬熱心善舉

姚吳家聲 後田人監賓秉性忠厚樂善不倦

吳奇燊 黄坑人耆賓賦性孝友善舉贊成

吳良辰 後田人廪膳生介賓學行兼優見義勇爲

閱 閱 閱 閱 閱 閱 閱 閱 閱 閱

吳家鴻 後田人監賓性質慷慨尚義

周永燦 石記岱人耆賓體宇高爽慷慨樂施

吳其杭 後田人監賓敦厚性質贊成公益

練達情 後田人廩生介賓善良有傳

范榮亮 後田人監賓善良有傳

吳起滏 後田人監賓忠厚和平善舉解囊

吳芝馨 後田人廩生介賓品學並優公舉贊成

姚芳 後田人監生年八十四歲目見四代

吳元泰 二都西川人監生年七十三歲遇善舉捐貲不惜鄉閭稱之

吳大良 三都人年八十五四代同堂

選舉志耆賓

李必托　黄壇人　壽八十二

李學仕　黄壇人　壽八十二

李之珍　黄壇人　壽七十五

李之賢　黄壇人　清庠生　壽七十三

李錫樞　黄壇人　壽七十二

李錫棟　黄壇人　壽七十二

李祼　黄壇人　監生　壽七十二

李錫智　黄壇人　壽七十二

李學禮　黄壇人　監生　壽七十

李錫相　黄壇人　壽七十

閱 閱 閱 閱 閱 閱 閱 閱 閱 閱

李錫瑶　黄壇人壽七十

李必美　黄壇人壽七十

壽六十六

李美郊　黄壇人清庠生壽七十文[illegible]

李樹盍　白峯尖山人壽七十三

李奇英　上坑人監生壽七十九

李開濤　上坑人壽八十三

周定遠　上莊人壽九十三

王汝霖　根竹山人前清知縣給以一鄉儀表匾額
儒學陸給以慨助修黌匾額

王汝舟　根竹山人前清知縣給以品重珪璋匾額

王汝德　根竹山人前清知縣給以孝友家風匾額

選舉志耆介

吳長盈　山堆人年八十歲四代同堂

吳希林　九　黄坑人丰采豪邁尚義疏財終年六十〃

葉成章　焦坑人年七十九歿目見四代同堂

葉成錦　焦坑人現年七十有四目見四代同堂

葉榮熙　焦坑人歿年七十有八目見四代同堂

季美南　九都黄壇人清增生法政畢業曾任本村小學校長現年七十有七

吳際熙　荷地人監貢品行端方樂善不倦壽逾七旬目見四代清光緒十七年知縣紀朋陵贈以壽緣德致匾額子桂森桂芬孫祖昌耀昌俱入國學紹昌入邑庠

吳桂森　荷地人監貢性仁慈精醫理清光緒二十四年知縣何文燿贈以術紹軒岐匾額子祖昌紹昌克紹前徽

吳景春　上庄人壽八十有三

吳時樹　上庄人壽七十有八

蔡邦雲　大澤人壽七十三忠實勤慎

關新明　十二都大澤人孝實關壽八十有一

關品芳　大澤人清庠生性醇厚慎言語為鄉里矜式

葉恩忠　十都上賴人忠厚傳家壽八十有三

翁鷹揚　十都上賴人清監生壽七十有七

葉呈錄　十都上賴人知縣贈以寬厚和平匾壽七十九而卒

游續禮　十都中濟人壽七十五而卒

金有餘　十二都下垟人渾樸可風壽八十六而卒

吳正連　二都黃水人年七十七歲

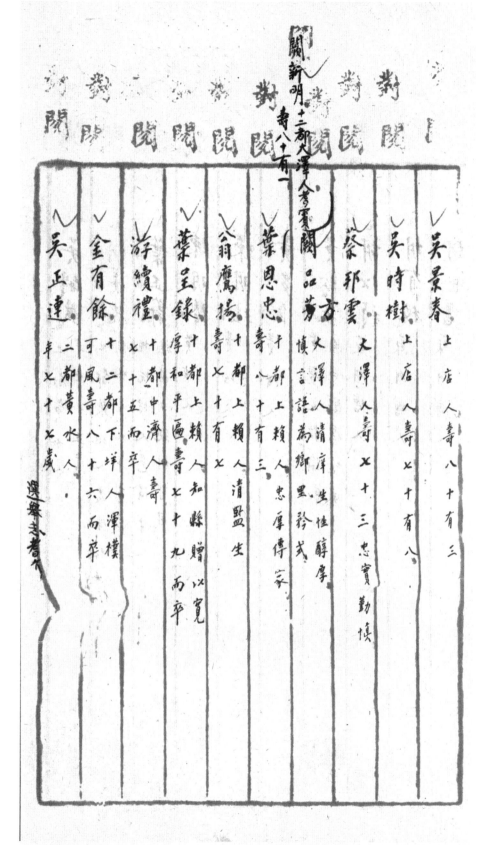

選舉志耆年

吴開盛 二都黄水人年七十五歲

何美志 七都張地人忠厚和平終年九十有三

葉正蔚 桃坑村人邑侯梁旌匾曰純朴可風

練明椿 黄坮人

練明桂 黄坮人

黄多淮 黄坮人

黄裕生 黄壇人教諭鄭賜匾曰醇厚堪風

胡以禎 蘇湖塘人

胡有根 蘇湖塘人

胡世虎 蘇湖塘人

胡光儀 蘇湖塘人

葉永允 横坑人

見下詳 吴世亮 高住人 見舊志已登選舉老人第の十三页

吴賜睦 高住人

吴永發 高住人

吴恆武 高住人

吴維洽 嶺頭人

吴景瑞 土店人

吴義銘 官塘人

吴端征 官塘人

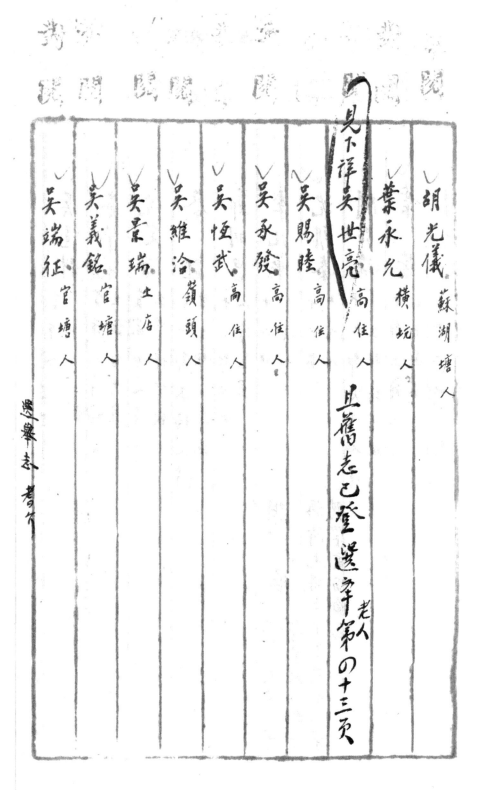

選舉志 耆介

吳道科 官塘人

吳贊元 曹嶺人清附貢生誠信忠直

沈定海 崔家田人清庠生孝悌可欽

蔡魁 十一都朱塢人清監生好善樂施

鄭明昌 十二都下沈人清監生

李兆華 十二都山溪人

闕維華 大澤人耆民忠實勤樸一鄉交稱清光緒壬午年縣令梁賜望重枌榆匾

沈朝奉 十二都上沈人

闕品端 十二都大澤人清庠生和藹可風

葉芳 十都上賴人好古敏求

周之鎬 十都上濟仙莊人清監生疎財仗義

鮑思濂 十都上濟人 清監生

賴國恩 十都中濟人 清庠生

葉芳元 十都上賴人介賓 事親克孝

周孔琴 十都黃源人清監生

周之德 十都仙莊人清 監生樂善不倦

李含章 十二都桃村 人清廩生

吳之賢 十二都山頭壟人 清庠生教授有方

吳之勳 十二都山頭壟人 清增生孝友可欽

蔡璉 十二都柏渡沿人 清監生望重鄉評

周之禎 十二都山頭壟人 清庠生醇謹堪嘉

沈元沂 十二都葛田人清 監生禮義持躬

選舉志 耆介

對 對 對 對 對

閱 重 閱 閱 閱 閱 閱 閱 閱 閱

十都

周孔琴 黃源人 清監生

何紹先 庠生七都張地人清光緒甲午年知縣文燦贈以品學兼優匾額

吳儒春 后田人壽八十

吳自生 后田人七十有九壽

吳家勳 后田人七十有八 清壽

重 吳成傑 后田人孔聖四代同堂壽七十有六

吳自環 后田人壽七十有五

吳儒東 后田人壽七十有三

吳蔭昭 后田人壽七十有二

吳華卿 八都岱根人壽七十有二

吳儒濬 八都下斜人壽七十有二

吳儒森 八都下斜人壽七十有一

吳恩長 后田人壽七十有一

吳自貞 后田人壽七十

蔡順 十二都柏渡沿人清監生知縣梁安甸題贈克勤義舉匾

周師望 十二都姚村人清例貢知縣紀朋陵以必有餘慶匾贈之

卲 對閱 對閱 對閱

吳邦英 增生年七十一歲光緒乙巳詳報介賓散
諭陞壽民訓導鄭安名贈以詩禮傳家匾
額

范尚璋 二都高洋人義德兼全地方公益任怨任
勞知縣紀朋陵贈以年高德劭匾額卒年
八十三歲

范尚誥 二都大岩人儒學徐
贈以望重賓筵匾額

以上新采訪

吳長正斕坭人

柳耀春嵐後人

陶賜恩山頭洋人

沈吉珍五都石井村人

黃世魁蓋竹人

周兆邠嵐後人

周楠嵐後人

吳國珍米坳人庠生

吳宗義南坑村人

劉宗春蓋竹人

基金

張廷潤 東陽人會長 十年選田慧商

吳肇塋 東陽人 建利會長

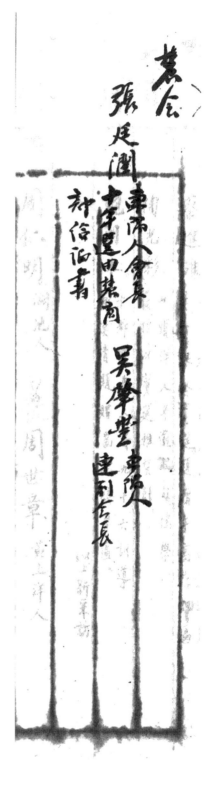

郝倍涵書

宣統年

吴起勝 后田人軍功壽七十有一

吴起寬 后田人壽七十

吴應聰 年七十六歲殁縣主譚嘉玉贈以芳規可慕

蔡進淮 十二都卯坵人壽八十四訓導嚴漢清舉於賓筵題贈年高德邵匾

陶光彩 山頭洋人年逾七旬儒學嚴贈以賓筵雅望額

鮑朝木 十都雙井人壽九十六訓導嚴漢清題贈齒德俱尊匾

以上新采訪

周仁明 湖池人

周世章 黄土洋人

周大治 久住洋人

范友隆 南陽人

選舉志 耆介

吳炳助 魚蓬聯合村人
吳有亮 魚蓬聯合村人

胡上次 爐方聯合村人
胡天善 爐方聯合村人

胡上達 爐方聯合村人
胡天進 爐方聯合村人

胡上理 爐方聯合村人
胡天武 爐方聯合村人

胡自愷 爐方聯合村人
胡天池 爐方聯合村人

吳元旦 爐方聯合村人
胡天文 爐方聯合村人

吳遠成 南坑村人
吳和養 南坑村人

吳正國 石川人
吳明聰 石川人

周明弟 湖池人
周禮尚 湖池人

周克禮 湖池人
周仁路 湖池人

中華民國

吴自户 后田人壽七十有八　吴登寬 八都下斜人壽七十有八

吴自仁 后田人壽七十有八　吴起波 后田人壽七十有六

吴恩寵 后田人壽七十有四　吴登枝 八都下斜人壽七十有四

吴占熊 后田人太學生壽七十有三　吴桂卿 八都岱根人壽七十有二

吴恩賢 后田人壽七十有二　吴夏卿 八都岱根人壽七十有二

吴登乙 后田人壽七十有一　吴恩慈 后田人壽七十有一

吴承先 后田人吏員壽七十歲　吴起發 后田人從九品壽七十

吴廷綬 后田人壽七十　吴元鐸 后田人壽八十四有

田建海 九都竹口人壽八十四 知事江宗濂諮舉案內黃道尹題贈耄年樂善匾

選舉志 耆壽

沈汝鴻　九都崔家田人清庠生壽八十七知事江宗濂舉報案內黃道尹題贈耄年樂善匾

林永祥　十都陳邊人壽八十三五代同堂知事江宗濂舉報案內黃道尹題贈五世同堂匾

蔡家金　十一都英塢人清監生壽八十二知事江宗濂訪舉案內黃道尹題贈耄年樂善匾

沈汝源　監生年七十九歲

吴長東　包黃聯合村人七十九歲縣代知事吴逢祥贈以望重鄉評

蔡富源　十一都印坵人清監生壽八十三知事江宗濂訪舉案內黃道尹題贈耄年樂善匾

以上新采訪

老人附

吳邦勳 芋林孫 有傳

吳偉鑑 西隅人

吳有良 包果人

姚新國 后田人

沈尚維 九漈人

沈鼎浩 九漈人

沈鼎昆 九漈人

沈旺生 知縣樂韶給以耆德延年匾額

楊永枝 上管人

朱林榮 嶺根人

劉耀祖 齋郎人 知縣給以性樸行端額

葉維開 齋郎人

葉允邦 齋郎人

葉宗孫 齋郎人

周長輝 庫坑人

周奕銓 黄土洋人

周永盛 黄土洋人

吳孔亮 黄水人

劉植　蛤湖人。
劉以寶　蛤湖人。
吳姬強　楓樹坪人。
葉芳彭　栗洋人。
吳慶東　正山堆人。
吳遠華　正山堆人。
吳積梁　正山堆人。
周元斗　久住洋人。
吳金旋　竹口人。
吳憲官　八都人。
吳日章　西川人。
吳魏蔭　上管人。
瞿智禮　北坑人。
葉春芝　齋郎人。知縣彭贈以積厚流光匾。
吳先高　后田人。監生，壽八十，忠厚和平。
李兆根　上坑人，壽八十三。
李兆發　后樓人，壽八十有二。
李炳連　后樓人，監生。
吳椿　西陽人。邑庠生，壽八十一。
蔡　郊　朱塢人，從九品。

全抄

周德利 桃村人。知縣林額以必有餘慶

蔡祁 茶塢人監生

周齊達 上莊人。壽七十六

沈樑榮 葛田人。監生。壽八十二。處世謙恭

沈渭濂 葛田人。監生。壽八十。正直端方

吳克光 上管人

吳宜用 上管人

吳應洪 魚川人

周桂堂 仙莊人。庠生。壽八十。知府瑞贈以義同輸粟額

劉世明 上管人

吳應敏 魚川人

吳增棟 包果人

吳增榮 包果人

吳瑞珍 洋頭人

吳佐進 洋頭人

林成榮 北川人

曹德成 壇衕人

吳富良 安溪人

周發滿 七都人

選舉志 老人

全抄

陳德恩 三都人　　吳明亮 三都人

吳夏涵 二都人　　陶發職 三都人

陶必幼 埠頭人　　吳奇欽 朱坳人壽八十歲

陶必光 三都人　　潘益高 林后人壽八十一歲

吳以旗 荷地人　　吳以文 荷地人

蔡克標 下塢人壽七十八五代同堂　　李兆顯 上坑人壽九十五子開旺亦躋遐齡

范潤榮 南洋人壽八十五歲　　吳世亮 高住人知縣蔡垣贈以望重一鄉額

黃任德 荷地人壽八十九歲　　張明亨 四漈頭人

黃家昌 荷地人壽九十七歲　　張永信 四漈頭人

范邦清 漈面人　　蘇宏蛟 朱嶺坑人

全初

劉開來 東洋人
劉天遇 馬家地人 壽八十五
吴元圭 荷地人
練時莒 黃壇人
黃得雲 黃壇人 壽八十九
練時盈 黃壇人
練時彥 二都人
葉正時 桃坑人
范煥章 大岩人
葉榮豐 岩下人

閱 蘇宕龍 朱嶺坑人
閱 楊啟兆 朱嶺坑人
閱 甘惟蔭 半路村人
閱 練時藕 黃壇人
閱 黃裕高 黃壇人
閱 練學壽 二都人 壽八十四
閱 葉發生 桃坑人
閱 張開泉 黃沙人
閱 項華大 高漈人 壽八十一
閱 蔡良 中漈人 監生 堅剛正直

選舉志 耆介老人

柳達鵬 林后人。 吳夏全 西川人，壽八十歲。

吳德餘 新村人，壽耋，目覩元曾。 吳學庸 官塘人。

劉世斌 巖坑人，壽七十七。 劉正功 巖坑人，壽七十三。

楊安陵 槎溪人。 劉正聰 岩坑人。

劉正塏 岩坑人。 以上舊志

楊成智 西頭聯合村人。 楊滋榮 西頭聯合村人，邑庠生。

選舉志 老人

全抄

吳仙養 三嶺聯合村人 年七十歲

吳成葉 三嶺聯合村人 年八十歲

吳工回 三嶺聯合村人 年七十一歲

吳永變 蔡後聯合村人 年八十二歲 現見四代

吳理毓 蔡後聯合村人 年七十二歲

吳自初 蔡後聯合村人 年七十四歲

吳志翰 蔡後聯合村人 年八十五歲 現見四代

吳自東 蔡後聯合村人 年七十歲

吳賜莊 蔡後聯合村人 年七十一歲

楊思寬 西頭聯合村人 年七十九歲

楊長交 西頭聯合村人 年七十二歲

楊思福 西頭聯合村人 年七十歲

楊成順 西頭聯合村人 年七十七歲

楊成智 西頭聯合村人 年六十八歲

楊滋榮 西頭聯合村人 年六十歲

吳長桂 洋口聯合村人 年七十四歲

吳茂成 洋口聯合村人 年七十二歲

選舉志老人

全村

姓名	籍貫	年歲
吳長朋	洋口聯合村人	年七十四歲
吳長本	洋口聯合村人	年七十八歲
吳桂東	洋口聯合村人	年七十六歲
吳起勤	東溪聯合村人	年七十六歲
吳敬發	東溪聯合村人	年七十一歲
吳禮寬	東溪聯合村人	年七十三歲
吳得永	東溪聯合村人	年七十八歲
吳立考	東溪聯合村人	年八十二歲
吳勤助	東溪聯合村人	年七十二歲
吳登林	東溪聯合村人	年七十一歲
吳啟才	東溪聯合村人	年七十一歲
吳光迴	東溪聯合村人	年七十八歲
吳星孟	東溪聯合村人	年七十三歲
吳星酧	東溪聯合村人	年八十歲
吳如翌	魚蓬聯合村人	年八十歲
吳奕啟	魚蓬聯合村人	年七十二歲
周世奕	石東聯合村人	年七十二歲
周永鋭	石東聯合村人	年七十歲
吳愛星	楊溪聯合村人清監生	年八十八歲
吳桂祥	東溪聯合村人	年七十歲

全抄

吳愛本 楊潈聯合村人清監生年七十六歲

吳開胡 楊潈聯合村人 年七十六歲

吳愛施 楊潈聯合村人清監生年七十五歲

吳愛來 楊潈聯合村人清監生七十二歲

吳愛昌 楊潈聯合村人 年七十歲

吳正萬 潈莊聯合村人 年八十九歲

吳光秀 潈莊聯合村人 年八十二歲

吳向親 地杉聯合村人 年七十二歲

吳向台 地杉聯合村人 年七十三歲

吳國河 地杉聯合村人 年七十一歲

吳連發 澤厲聯合村人 年七十歲

范全林 爐方聯合村人 年八十九歲

胡自彪 爐方聯合村人 年七十八歲

吳先舉 爐方聯合村人 年七十七歲

胡上明 爐方聯合村人 年七十五歲

胡天庭 爐方聯合村人 年七十三歲

胡上政 爐方聯合村人 年七十二歲

胡上庫 爐方聯合村人 年七十歲

胡上言 爐方聯合村人 年七十二歲

對閱 對閱 對閱 對閱 對閱 對閱 對閱 對閱 對閱

全抄

胡上榮 爐方聯合村人年七十歲

胡天惟 爐方聯合村人年七十歲

吴宗喜 南坑人壽七十一歲

王宗根 甘竹山人壽八十二

王顯嘉 北坑人現年七十六

王宗布 甘竹山人壽七十二

王宗麐 甘竹山人壽七十四

陳書 黄岡人清庠生壽七十有五 邑侯梁旌以克襄義舉匾額

范尚强 大岩人辛年八十六歲清知縣梁安甸贈以慶有家風匾額

吴汝舟 甘竹山人壽七十二申縣生平安分守己足跡未入公庭縣主賜匾曰品重圭璋 汪祜賜以德壽齊輝匾

甘竹山人壽七十一申縣主

全抄

王宗喜　甘竹山人壽七十一中縣
主祐賜以德壽齊輝匾

吳必昌　南坑人年七十歲

范忠長　二都松柏灣人白手起家倫留心六旬凡
地方善舉無不慷慨輸助里人稱之壽至
七十而卒其子學儉尤徽踏寵

范通倫　大岩人年七十一歲

陳廷達　蔡川人年八十一歲

吳正杰　石川人年七十八歲

范傳枡　大岩人年八十二歲

吳文匠立　新村人年八十五歲

吳學樹　新村人年八十三歲

全鈔吳文持　新村人年八十歲

吳明四　石川人年七十六歲

周明利　湖池人年七十二歲

周明浪　湖池人年七十四歲清貢生周邦基子

周明山　湖池人年七十二歲

周啟清　黃土洋人年七十四歲子孫元孫一堂四代家四十餘口和氣同居足爲邦人矜式

周世財　黃土洋人年八十歲

周正戶　久住洋人年七十一歲

周啟炳　黃土洋人年七十歲

范邦嘉　南陽人年七十五歲

仝抄

周啟吉　黃大洋人卒年七十四歲

吳長地　爛泥人年七十五歲

吳長和　爛泥人年七十七歲

陶金鴻　山頭洋人年七十有六四代同堂

吳一林　陳村人清庠生壽七十有二

瞿邦滿　甘竹山人年七十有五

吳新林　坑口人年七十湯知縣贈以光前裕後匾額

吳水生　後樓村人年七十

王遠智　甘竹山人

楊公欽　槎溪人忠厚和平

選舉志考

閱閱閱閱閱閱閱閱閱閱

吴國寶 槎溪人歿現年八十二歲四代同堂

陳尚竹 蒲潭人壽七十二歲

吴高壽 蒲潭人壽七十歲

吴縉松 蒲潭人壽七十一歲

吴汝林 樟坑人壽七十七歲

嚴遠創 仙山頭人壽七十四歲

吴昌寶 呂源人壽七十五歲

吴九造 桃坑人壽九十歲

吴崇化 隆宮人壽八十七歲終

吴登棟 隆宮人壽七十歲

石登年歲
張港鈇略
否

仝抄周秀基　隆宫人壽七十八歲
周蘭桂　隆宫人壽七十九歲終
劉從坤　隆宫人壽七十七歲
劉繼美　合湖人
劉朝平　合湖人
劉朝增　合湖人
劉永回　合湖人
劉永慥　合湖人
吳世松　山堆人
吳世柳　山堆人
劉永豐　合湖人
劉其桐　合湖人
劉朝植　合湖人
劉永亮　合湖人
吳日和　合湖人
吳世輝　山堆人
吳積貫　山堆人

（全村）吴世火 山堆人　吴世泓 山堆人
吴長鈞 山堆人　吴世才 山堆人
吴邦獻 山堆人　吴長澤 山堆人
吴廷金 黄水人　吴永成 黄水人
吴世高 爛泥人　吴世根 爛泥人
吴世楨 爛泥人　吴長隆 爛泥人
吴長舉 爛泥人　周世强 黄土洋人
周世章 黄土洋人　周世成 黄土洋人
周世選 黄土洋人　周啟程 黄土洋人
周啟成 黄土洋人　周奕長 久住洋人

周奕松 久住洋人　周奕柏 久住洋人

周正枝 久住洋人　吴仁来 楓樹坪人

吴俊炎 楓樹坪人　吴俊斌 楓樹坪人

吴仁睦 楓樹坪人　吴仁慎 楓樹坪人

吴仁慶 楓樹坪人　吴俊富 楓樹坪人

吴仁元 楓樹坪人　吴周興 楓樹坪人

吴仁選 楓樹坪人　吴乃文 楓樹坪人

吴成謨 底村人年逾九旬處世謙恭　吴道魚 官塘人年八十四歲

練于華 楊橋人年八十一歲　吴懷忠 舉水人年八十三歲歿

吴喜清 舉水人年八十四歲殁見五代　吴作鑾 舉水人年九十三歲殁

選舉志 耆人

吳孔周擧水人年□十四歲歿　吳朝恒擧水人年八十六歿

吳培浩蓬家山人年八十歲存　吳朝禮西山人年八十二歲存

吳旭初上都人年八十二歲存　劉正榮黃榴坑人年八十歲存

吳開醇上都人年八十五歲存　胡學傳二都岱根人壽七十六

吳權新五都底村人清武生年八十一歲　葉炳昌五都魏溪村人年七十一歲

葉正選五都墈頭村人年七十三歲　支昌海五都上源村人年七十五歲

吳汝棫大濟人清增生享年八十三歲目見四代

吳彥陞底墅人歲貢生現年七十有三　吳賜正底墅人現年七十有五

吳恒有底墅人現年七十有八　吳先起底墅人現年八十歲

吳彥舉底墅人邑庠生壽七十有六　吳承統底墅人壽八十有一目見四代

全抄
吳篤源　底墅人壽七十有九　吳恒長　底墅人壽七十有七
吳賜高　底墅人壽八十有五　吳昌規　荷地人壽七十有八目見四代
黃吳堯逢　荷地人壽八十有四　吳和炘　平壇人壽七十有三
吳和芝　平壇人壽七十有二　胡世基　蘇湖壇人現年七十有二
胡世同　蘇湖塘人現年七十有五　胡世敦　蘇湖塘人現年七十有四
胡明秀　蘇湖塘人現年七十有二　柳長琰　高棠坑人壽八十八目觀四代
柳世大　高棠坑人現年七十有三　陳子祥　湖邊洋人現年七十有五
柳士莊　湖邊洋人壽七十有二　吳昌仁　湖邊洋人壽七十有七
顏光貴　左溪人壽七十有三目觀四代　胡禮秋　左溪人壽七十有三
胡正祥　坊鋪洋人現年七十有七

選舉志　老人

全抄

胡正貴 岱山上人壽七十有六

胡正安 岱山上人壽八十歲

吳紹六 官塘人壽七十有七

吳紹昜 官塘人壽七十歲

黃之華 黃壇人壽八十有一

練章錢 黃壇人壽七十有一

練章養 黃壇人壽七十有三

練中遠 黃壇人壽八十有一

黃之冠 黃壇人壽七十有八

黃繼信 黃壇人壽七十有一

黃多維 黃壇人壽七十有六

黃之童 黃壇人壽七十有一

練中龍 黃壇人壽七十有二

練時於 黃壇人壽八十歲

練中寶 黃壇人壽七十八有

胡義溪 嶺頭人壽七十有五

胡國富 嶺頭人壽七十有五

胡道卓 印槳人壽八十有三

陳光陞 坑下人壽八十有三

陳明豐 坑下人壽八十有三

對閱 對閱 對閱 對閱 對閱 對閱 對閱 對閱 對閱 對閱

全材

陳守沛 坑下人壽七十有五　陳元混 坑下人壽七十有五

鄭呂臻 石塘人壽八十歲　鄭日新 石塘人現年七十有七

陳子彥 下塘人歲貢生壽七十有五　陳子欽 下塘人壽八十有四

陳應奎 下塘人壽七十　葉發魁 桃坑村人壽八十有四

練朝輝 黃壇人壽八十歲　胡正樹 左溪人壽八十有八

陳宗彪 黃岡人清監生壽七十有四

陳蘊靈 黃岡人清邑武生壽七十有七精神猶矍鑠嘗躬砌后洑亭路以便行旅

陳宗佑 黃岡人壽七十有九　陳應蕃 黃岡人清監生現年七十有二

陳有容 魚鯇洋人清監壽七十有四　陳有庠 魚鯇洋人壽七十有七

陳子誓 魚鯇洋人壽七十有六　陳子暢 魚鯇洋人壽七十有三

選舉志 卷八

對閱　對閱　對閱　對閱　對閱　對閱　對閱

陳有善　魚銚洋人，壽七十有三

陳子興　魚銚洋人，壽七十有三

葉作餘　半坑人，壽七十有七

葉應梧　半坑人，壽七十有三

陳明進　梘頭人，壽七十有八

胡禮和　左溪人，壽八十有三

吳敦茂　石磨下人，年六十一時其目忽瞽，至七十二復明，現年八十有二，步履康健，視聽明聰

吳道炳　官塘人，壽八十有五，目見四代

吳紹杰　官塘人，壽七十有四

吳桂芬　荷地人，壽七十有六，曾任荷地初級小學校長四年，民國八年輸捐同善堂，知事江宗濂賜匾曰樂善好施

柳有彩　石桂人，壽七十有三，邑庠陳佐高贈詩曰：從來忠厚裕曾孫，清白楊公羨一門，勤渋柏廬明郎起，儉宗周晏淡猶甘，瑤環不讓馬家在，磐石漫欽薛子存，葉茂枝繁不棄覲，祥占餘慶祖深恩

閱

慶元僻處巖疆習尚古樸四民之三工一部分舊誌僅八不及兩項然皆外省江西寧德之人為多季清之世工業頗盛治內人民非耕即工丁此訓政時期復沭振興稱為農工商學民國十九年接受中國國民黨縣黨部浙江省慶元縣執行委員會常務委員會常務委員楊丁元訓練部長姚朋指導組織木作業職業工會即於民國二十年三月六日給予慶戢字第四號人民團体組織許可證書認定吳逢宸（城內）為理事長吳永良吳自泉（城內人）姚寶禮（后田人）姚寶謨（后田人）吳成俊（后田人）姚開藻（城內人）為理事員仝年四月十三日奉浙江省省黨部執行委員會常務委員朱家驊葉溯中方青儒訓練部長項定榮簽發浙字二八二陸號指令認為合格准予

選舉志　工會

備案並接受國民會議代表浙江省選舉總監督印給浙江省慶元縣木作業工會選舉人名冊一份到會現假玉田鎮姚家門樓工爲開會場所辦理一切合作事宜

理事長

吳逢宸 城內人

理事員

吳永良

姚寶禮 後田人

吳成俊 後田人

吳自泉 城內人

姚寶謨 後田人

姚開藻 城內人

壽翁

吴肇勳 底墅人廩膳生壽七十有八

吴高朋 上店人現年七十有二民國七年江知事題獎憲數黌宇匾額其廬

胡義燃妻吴氏 嶺頭人年九十有二目見五代

吴深明 後田人享壽九十歲

季錫戊 六都淤上人現年七十三歲

姚嘉訓 東陽人享年八十四歲

吴世英 西陽人庠生現年七十二歲

姚嘉熙 東陽人術精岐黄活人無算現年七十六歲

吴其櫄 西陽人增生年八十三歲

余濟揚 大濟人現年七十三歲

姚時繹 後田人現年八十一歲目見四代同堂

黄時高 六都塗坑人道尹黄給以人間松柏額壽八十八歲

葉鑑遠 六都芸洲人現年八十歲

吴興邦 六都芸洲人現年七十七歲

葉其武 六都樟樹下人現年七十六歲四代同堂

胡孟若 東山後人壽八十有一民國十四年五月知事張立德賜匾曰見義勇爲

楊公相 八都槎溪人現年七十有八

楊春秋 八都槎溪村人歿年八十有四

吳國寶 八都槎溪村人歿年八十有二

楊公欽 八都槎溪村人忠厚和平歿年七十有五

沈大錦 五都九漈人現年七十四歲

沈士朝 五都九漈人年七十三歲

沈可德 五都九漈人現年七十一歲

沈建德 五都九漈人現年七十歲

吳儒求 后田人現年七十有八

吳全鈞 八都余村人現年七十有八

吳自重 后田人現年七十有二

甘建河 二都半路村人壽七十有八歲

吳國琛 七都蒲潭村人年七十一歲清增生宣統三年南區自治會副議長民國元年慶元

縣參議會議員兼蒲潭村小學校長又委
胡　員會委員
全抄
吳宗虞　二都竹坪人清國學生現年七十五歲目見四代
吳德聰　二都大岩村尾人年七十九歲精神尤徵矍鑠
王作人　十一都上源人清監生素有幹事才壽七十而卒
王作霖　十一都上源人清庠生現年八十有一
陳書　黄岡人清庠生壽七十有五知縣梁璀以克襄義舉匾額

以上新采訪

計卅八頁

選舉志　老人

學校畢業

或有云今學校畢業非經入仕途與宋之釋褐明清之貢士有别應移入學校教育不應入選舉似也第自清之季停科舉設學堂所制奬勵章程大學畢業作爲進士出身同進士出身分科之實科及大學豫科各省高等學堂高等實業學堂優級師範畢業者均作舉人其中學畢業者有拔優歲等貢之稱尚有外國留學生考試中式進士舉人者亦爲正途等語迨入民國此制雖格不行而文官考試暨選舉投票猶以是爲根據况現在行政司法任用人員非是即

資格不合。且　黨國肇興，實行考試，非學校畢業即不能與試。以是言之，學校畢業非與選舉無關，從可想已。故於學校畢業，仍循舊志五貢例，自中學起製為一表，其餘以附表行之。

對閱

清

大學校　專門學校　中等學校

光緒三十三年　對閱　楊文元　槎溪人，三十三年處州初級師範學堂畢業

對閱　吳定奎　槎溪人，三十三年處州初級師範學堂畢業

宣統元年　周邦　山頭龍宮人，元年日本早稻田大學師範部博物科畢業

對閱　姚文鑑　城內人，元年處州初級師範學堂畢業

對閱　胡德明　竹坪人，元年處州初級師範學堂畢業

民國

二年

吳贊襄　山後坑人全浙監獄專門學校畢業

专门学校

三年

胡德耀　竹坪人浙江體育專門學校畢業

胡德聞　竹坪人浙江第十一中學舊制畢業

吳英　小梅人浙江體育專門學校畢業

蔡驥　大澤人浙江體育專門學校畢業

五年

吳廷元　底村人浙江第十一中學

舊制畢業

吳從卿 城内人浙江第十一中學舊制畢業

周瑾 后田人浙江第十一中學舊制畢業

六年

何夢麟 張地人浙江體育專門學校畢業

吳同聲 后田人處州舊制師範畢業

列入附表見[illegible]

闕一飛 大澤人浙江體育專門學校畢業

七年

蔡景和 柏渡人浙江體育專門

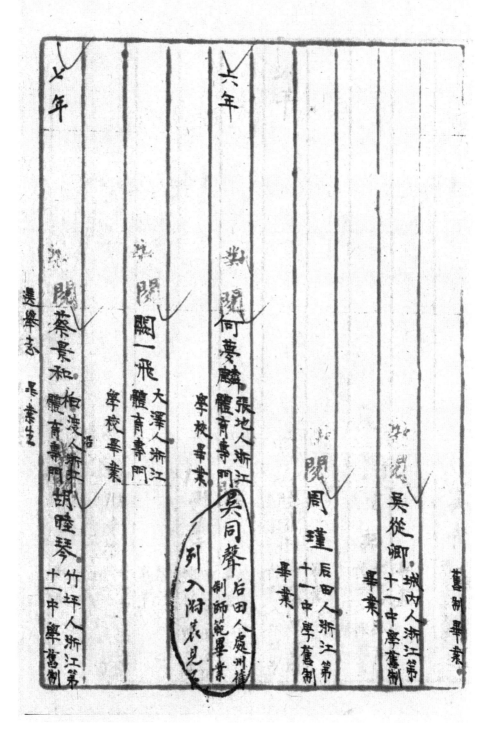

胡睦琴 竹坪人浙江第十一中學舊制

學校畢業　畢業

胡希安　竹坪人浙江第十一中學舊制畢業

楊鼎元　槎溪人浙江第十一中學舊制畢業

八年

胡德升　竹坪人浙江第十一中學舊制畢業

許鴻　竹口人浙江第十一中學舊制畢業

吴青　原名實賢江根人浙江第十一

中學舊制畢業

九年

周仁 後田人金華體育學校畢業

周智 後田人浙江第十一中學舊制畢業

姚卓山 原名姚垚後田人金華體育學校畢業

十年

姚炳慶 後田人浙江第十一中學舊制畢業

胡德壽 竹坪人浙江第十一中學舊制畢業

葉華 上賴人浙江第十一中學舊制畢業

葉成蔭 橫坑人浙江第十一中學舊制畢業

胡德輶 竹坪人浙江第十一中學舊制畢業

胡睦融 竹坪人浙江第十一中學舊制畢業

十一年

周棠 山頭礱人浙江第十一中學舊制畢業

賴強 中濟人浙江第十一中學舊制畢業

葉成森 橫坑人浙江第十一中學舊制畢業

吳毓岐 江根人浙江第十一中學舊制畢業

胡睦修 竹坪人浙江第十一師範本科畢業

吳鳳年 城内人浙江第十一師範本科畢業

十二年

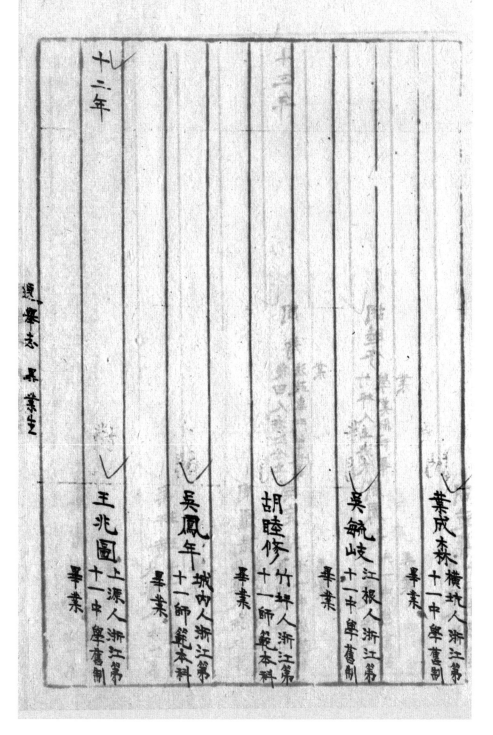

王兆圖 上源人浙江第十一中學舊制畢業

蔡　壽　朱鵠人浙江第十一師範本科畢業

吳玕瑢　大濟人浙江第十一師範本科畢業

周耀詰　仙華人浙江求實中學畢業

十三年

周　智　後田人浙江公立法政專門學校畢業

吳定福　黄坑人浙江第十一中學舊制畢業

胡睦修　竹坪人上海大學美術科畢業

周鳳起　上庄人浙江第十一中學舊制畢業

胡道庫　者坑人浙江第十一中學舊

制畢業

楊春 搓溪人浙江第十一師範本科畢業

闕錫光 大澤人浙江第十一師範本科畢業

蔡景福 柏渡沿人浙江第十一師範本科畢業

賴一匡 中濟人浙江第十一師範本科畢業

楊明 搓溪人浙江第十一中學舊制

十四年

畢業

胡德恆　竹坪人浙江第十一中學舊制畢業

楊兆元　槎溪人浙江第十一中學舊制畢業

鮑康　上濟人浙江第十一師範本科畢業

吳寶琛　黄坑村人浙江第十一師範本科畢業

鮑泰　上濟人浙江第十一中學初中

畢業

十五年

闕一鶴　大澤人黄埔陸軍軍官學校騎科畢業十六年在建甌縣陣亡奉國府軍政部頒卹撫遺有傳墓志見藝文

蔡濂　黄畬人浙江第十一師範本科畢業

周禎　仙莊人浙江第十一中學初中畢業

胡睦修　竹坪人黄埔軍官學校畢業

練芙　中村人浙江第十一中學初中畢業

賴強　中濟人浙江公立法政專門學校畢業

沈定銘　上賴人浙江第十一中學初中畢業

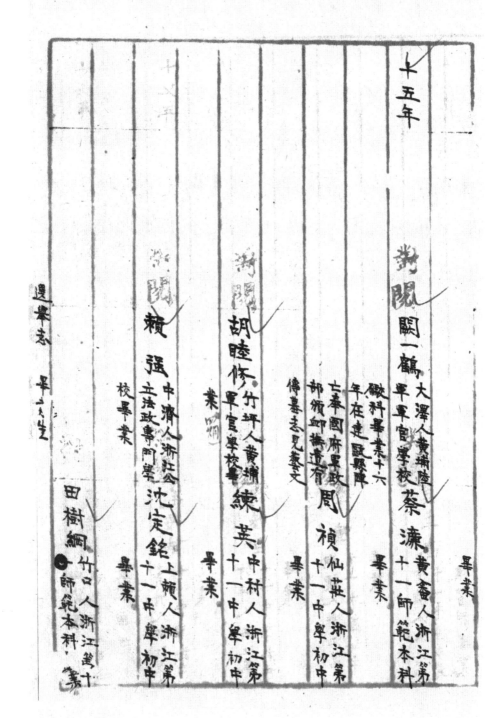

田樹綱　竹口人浙江第十師範本科畢業

十六年

吴廷輔　山頭龍石人　浙江第十一師範本科畢業

十七年

毛茂詩　青竹人　浙江第十一中學初中畢業

胡睦臣　竹坪人　浙江第十一中學初中畢業

李暄　湖頭人　浙江第十一中學初中畢業

吴卓高　官塘人　浙江第十一中學師範講習科畢業

十八年 吳定福 黃坑人浙江公立法政專門學校畢業 胡甯 李村人浙江第十一中學初中畢業

姚卓山 原名姚益俊，田人，南京中央陸軍軍官學校畢業（五期）

十九年 吳寶琛 黃坑村人上海私立法政大學畢業 楊兆元 槎溪人省立警官學校畢業 華袁 槐源人浙江第十一中學初中畢業

賴勛 中濟人浙江醫藥專門學校畢業 劉峻聲 合湖人浙江第十一中學初中畢業

二十年 吳以良 大濟人浙江第十一中學初中畢業

姚均	城内人，浙江第十一中學初中畢業
吳盛泉	城内人，浙江第十一中學師範講習科畢業
吳藻	桂溪人，舊處屬共立初中畢業
鮑孟慶	沙塘人，甌海中山中學初中畢業

二十一年

蔡超周	大澤人，浙江第十一中學初中畢業

附表

清

宣統元年	姚職	後田人元年處州師範簡易科畢業
二年	吳逢年	城內人二年縣自治研究所畢業
	余炳光	後田人二年縣自治研究所畢業
	吳肇洲	城內人二年縣自治研究所畢業
	吳淦	城內人二年縣自治研究所畢業
	姚績	城內人二年縣自治研究所畢業
	姚成	後田城內人二年縣自治研究所畢業
	吳廷梅	城內人二年縣自治研究所畢業

選舉志

宗生

姚　襄　城內人二年縣自治研究所畢業

周兆濂　嵐後人二年縣自治研究所畢業

吳振鐸　大濟人二年縣自治研究所畢業

吳廷信　城內人二年縣自治研究所畢業

吳應鈞　城內人二年縣自治研究所畢業

吳源熙　大濟人二年縣自治研究所畢業

張廷瀾　城內人二年縣自治研究所畢業

吳肇豐　城內人二年縣自治研究所畢業

吳　溏　後田人二年縣自治研究所畢業

吳應良　大濟人二年縣自治研究所畢業

對 對

閱	吳贊熙	大濟人二年縣自治研究所畢業
閱	吳紹銘	大濟人二年縣自治研究所畢業
閱	李 釗	城内人二年縣自治研究所畢業
閱	吳應行	大濟人二年縣自治研究所畢業
閱	吳寶烈	大濟人二年縣自治研究所畢業
閱	黄祥元	後田人二年縣自治研究所畢業
閱	吳 筠	後田人二年縣自治研究所畢業
閱	吳應榮	後田人二年縣自治研究所畢業
閱	吳步輿	後田人二年縣自治研究所畢業
閱	蔡允中	中濟人二年縣自治研究所畢業

選舉志 葉

姚建封　後田人二年縣自治研究所畢業

民國

元年　李美南　黃蛟(壇)人浙江共和法政學校畢業

二年　蔡祖西　大澤人浙江共和法政學校畢業

吴英　小梅人浙江法政講習所畢業

蔡龒　大澤人浙江法政講習所畢業

李之剛　黃蛟(壇)人浙江法政講習所畢業

吴從周　城内人浙江法政講習所畢業

胡德懋　竹坪人浙江法政講習所畢業

蔡儀　大澤人浙江法政講習所畢業

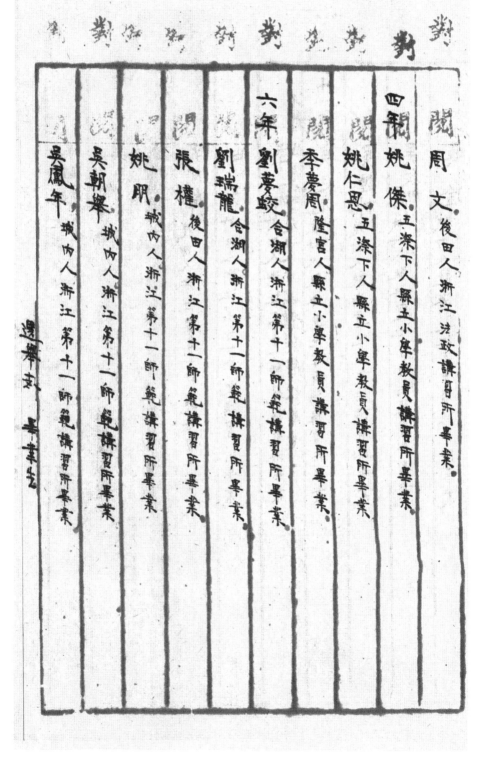

	周文	後田人浙江法政講習所畢業
四年	姚傑	五涤下人縣立小學教員講習所畢業
	姚仁恩	五涤下人縣立小學教員講習所畢業
	李夢周	隆宮人縣立小學教員講習所畢業
六年	劉夢蛟	合湖人浙江第十一師範講習所畢業
	劉瑞龍	合湖人浙江第十一師範講習所畢業
	張權	後田人浙江第十一師範講習所畢業
	姚朋	城內人浙江第十一師範講習所畢業
	吳朝舉	城內人浙江第十一師範講習所畢業
	吳鳳年	城內人浙江第十一師範講習所畢業

吳輔熙　大濟人浙江第十一師範講習所畢業

吳金　大濟人浙江第十一師範講習所畢業

吳耀明　大濟人浙江第十一師範講習所畢業

吳同聲　後田人浙江第十一師範講習所畢業

田深　竹口人浙江第十一師範講習所畢業

十年　吳寶瀛　後田人中國體操學校畢業

季昌　竹口人浙江第十一師範講習所畢業

十一年　吳廷元　底村人甌海道地方自治講習所畢業

吳鍾材　後田人甌海道地方自治講習所畢業

吳從卿　城內人甌海道地方自治講習所畢業

吳淦　城內人甌海道地方自治講習所畢業

校對

閱 吳恩棣 貴坑人甌海道地方自治講習所畢業

閱 吳傳授 大濟人甌海道地方自治講習所畢業

選舉志 畢業生

選舉志　議員　議員

縣議會　參議會　民國元年設置以人口總數二十萬以下者額定議員二十名慶元例選出議員十六人復由議員選出四人為參議員會長以縣知事任之三年奉令取銷十年改訂組織法以人口未滿十五萬之縣額定議員十名十一年選舉慶元選出議員十人又改參議會為參事會由縣議員選出半數其餘半數由縣知事委任慶元參事選出二人委任二人

第一屆選舉議員

吳銓文一都舉水人。正議長元年選　吳朝冕城內人副議長

張廷瀾城內人。　吳有典城內人

吳汝濱大濟人。　吳傳詩一都舉水人。

陳錫圭二都黃泥盪人。　劉豢龍二都合湖人。

吳彥墅二都底墅人。　陶以鎔三都山頭洋人。

季廷恩七都桃坑人。　吳有章七都黃坑人。

吳鳳池七都隆宮人。　季裕九都黃壇人。

周化成十都仙莊人。　邵廷魁十二都姚村人。

參議員

吳芳聲後田人。元年選　姚宗虞後田人。

范孝親二都南洋人。　吳國琛七都蒲潭人。

第二屆選舉議員

姚文林東隅人。正議長，十一年選。　胡德明二都竹坪人。副議長

吳珣一都舉水人。　吳傳芬一都舉水人。

葉耀章二都横坑人。　季夢周七都桃坑人。

楊文元八都槎溪人。　范篪九都竹口人。

吳俊十二都曹嶺下人。　周書後田人。

參事

周祖昌後田人。十一年選。　吳步騫後田人。

吳芳聲後田人。十一年委。　姚宗虞後田人。

楊丁元八都槎溪人十三年選 吳朝珍城內人

周祖昌後田人十三年委後因事卸職 吳文典後田人

姚墟後田人十二年委候補參事吳文典補 姚安墟人

城鎮鄉自治會清宣統三年設置以人口滿五萬為鎮不及五萬為鄉鎮設議會董事會鄉設議會鄉董慶元分城區東一區東二區南區北區北二區董事會職員鄉董均由議會議員互選任之民國三年奉令取銷各級自治會改設自治辦公處由縣知事委任自治委員兩人辦理城鎮鄉結束事宜

縣教育會 民國二年成立遵照元年教育部公佈規程設有會長副會長評議員兼調查員由會員組織

選舉之經費由會員擔任地方公款酌量補助

會長副會長

吳逢年城西人會長二年選　姚墟後田人副會長

姚文林東隅人會長六年選　田慶瀾竹口人副會長

十七年九月改選選出吳朝舉邵廷魁楊春鮑康胡德聞胡德壽黃月娥吳步仁吳師義吳鳳年姚虞楊丁元十二人為執行委員並同時互選三人為常務委員

吳鳳年城內人常務委員十七年選　姚虞後田人常務委員

楊丁元槎溪人常務委員

十九年十二月改選執行委員選出吳鳳年楊超元葉文華吳朝舉姚虞許鴻余培本七人為執行委員並互推三人為常務委員

吳鳳年常務委員十九年推 葉文華後田人常務委員

姚虞常務委員

縣農會 清宣統二三年間奉文以後田人姚厔泉吳文典為勸業員民國二年遵農商部公佈農會規程改稱縣農會慶元於是年成立設有會長副會長評議員調查員諸職由會員組織選舉之經費由會員擔任地方公款酌量補助

會長副會長

范紹基 後田人會長二年選　吳淦 東隅人副會長

吳淦 會長六年選　吳肇豐 東隅人副會長

縣商會　民國七年成立遵照農商部章程組織由會員選出會董若干人後由會董互選會長副會長十七年又照上海各省商會聯合會總事務所改善方案選舉常務委員由常務委員互推主席十九年奉浙江省黨部令改爲商人組織統一委員會二十年又奉　令稱商人團體改組指導員由指導員召集會員代表若干人及商店會員若干人選舉執行委

員七人監察委員三人復由執行委員互選常務委員三人再由常務委員互推主席一人

會長副會長及主席

姚建封 後田人會長七年選　　吳步騫 後田人副會長

姚建封 十年連　　吳步騫 連

吳芳聲 後田人會長十二年選　　姚宗虞 後田人副會長

吳芳聲 十五年連　　姚宗虞 連

余炳華 後田人主席十七年推　　余炳華 十九年連

常務委

慶元縣各級農會組織概況

嘗聞我國向稱農業古國是以農民與國家關係至為密切況本黨革命號召首先實行農業政策第以過去農民之散漫雖有善政亦屬無從設施緣有農會之倡設也本縣縣黨部於民國二十年一月間奉令指導依法先行組織鄉農會嗣經鄉農會召集會員大會選舉代表組織區農會繼由各區復選出區代表二人經奉縣黨部召集選舉縣農會即由此產生也至於現任各級職員姓名登載於左

幹事長副姓名　農會名稱　成立年月

慶元縣農會	民國二十年六月	姚朋 楊丁元
第一區農會	民國二十年五月	吳深恩 吳盈軒
第四區農會	民國二十年五月	管仁創 劉開昌
第五區農會	民國二十年六月	劉德海 張富彬
第六區農會	民國二十年五月	田樹荊 沈元勳
濟川鄉鄉農會	民國二十年一月	吳藝 吳麟堉
玉田鄉鄉農會	民國二十年三月	梅友典 姚元湧
東西里鄉農會	民國二十年五月	吳深恩 吳珊泉
周柿鄉鄉農會	民國二十年五月	周其照 周學德

吳貴福 周紹忠	隆宮鄉鄉農會	民國二十年三月
陳祥生 劉開昌	權糞(畲)樓鄉農會	民國二十年三月
周學沛 陶樹炎	橫龔[土奔]鄉農會	民國二十年三月
管仁創 葉滐妹	安源完鄉農會	民國二十年三月
陳其生 林仁造	黃朱竹鄉農會	民國二十年三月
吳嘉珍 吳嘉煥	磐山鄉鄉農會	民國二十年三月
黃良榮 柳培餘	半塢源鄉農會	民國二十年三月
葉其全 葉寶清	蒲徐樟鄉農會	民國二十年三月
胡日光 胡日清	呂中鄉鄉農會	民國二十年五月
鮑光鼐 周祖勳	黃壇闌鄉農會	民國二十年五月

陳節衡 湯晨機	張天鄉鄉農會	民國二十年五月
何俊友 何輝庭	張地鄉鄉農會	民國二十年五月
季友才 謝元熙	桃安源鄉農會	民國二十年五月
吴慶喜 吴積倉	山埠后鄉農會	民國二十年五月
吴兆珣 吴兆彦	陳村鄉鄉農會	民國二十年五月
范孝慶 吴晉南	班南衙鄉農會	民國二十年五月
吴必桂 吴必海	上佘鄉鄉農會	民國二十年五月
范世德 范延韶	永泰鄉鄉農會	民國二十年三月
劉加賢 吴壽恩	慶集鄉鄉農會	民國二十年五月
季際熙 吴富煥	巧養鄉鄉農會	民國二十年五月

葉成福 范開炎	安堵鄉鄉農會	民國二十年五月
田樹荊 田荊	竹口鎮鄉鎮農會	民國二十年二月
李成炎 李林	古嶺鄉鄉農會	民國二十年二月
李承樂 李承儉	高山鄉鄉農會	民國二十年三月
沈世東 蔡宏林	天真鄉鄉農會	民國二十年三月
沈溫 沈從先	美田鄉鄉農會	民國二十年三月
沈元連 關肇鎮	澤崔鄉鄉農會	民國二十年三月
邵真堂 李輝義	姚湖鄉鄉農會	民國二十年四月
蔡允文 葉方松	雙濟鄉鄉農會	民國二十年四月